ENSINO REMOTO

EMERGÊNCIAS DA ESCOLA E DA FORMAÇÃO DE PROFESSORES

Editora Appris Ltda.
1.ª Edição - Copyright© 2024 dos autores

O presente trabalho foi realizado com o apoio da Coordenação de Aperfeiçoamento de Pessoal de Nível Superior – Brasil (Capes) Código de Financiamento 88881.890425/2023-01 (PROAP)

O presente trabalho foi realizado com o apoio do Plano de Incentivo à Pesquisa da Pontifícia Universidade Católica de São Paulo (PIPEq – PUC/SP) – Código de Financiamento 25241

Catalogação na Fonte
Elaborado por: Dayanne Leal Souza
Bibliotecária CRB 9/2162

E599e
2024

Ensino remoto: emergências da escola e da formação de professores / Alda Junqueira Marin, Ana Paula Ferreira da Silva e Luciana Maria Giovanni (orgs.). – 1. ed. – Curitiba: Appris, 2024.
142 p. : il. ; 23 cm. – (Coleção Educação, Tecnologias e Transdisciplinaridades).

Vários autores.
Inclui referências.
ISBN 978-65-250-6381-2

1. Pandemias. 2. Alfabetização. 3. Ensino fundamental. 4. Professores - Formação I. Marin, Alda Junqueira. II. Silva, Ana Paula Ferreira da. III. Giovanni, Luciana Maria. IV. Título. V. Série.

CDD – 371.3

Livro de acordo com a normalização técnica da ABNT

Editora e Livraria Appris Ltda.
Av. Manoel Ribas, 2265 – Mercês
Curitiba/PR – CEP: 80810-002
Tel. (41) 3156 - 4731
www.editoraappris.com.br

Printed in Brazil
Impresso no Brasil

Alda Junqueira Marin
Ana Paula Ferreira da Silva
Luciana Maria Giovanni
(Orgs.)

ENSINO REMOTO

EMERGÊNCIAS DA ESCOLA E DA FORMAÇÃO DE PROFESSORES

Appris editora

Curitiba, PR
2024

PREFÁCIO

Em março de 2024, completamos quatro anos da implementação de medidas sanitárias de isolamento/distanciamento social ocasionadas pela pandemia de Covid-19. Viver esse momento da história implicou estabelecer novas formas de relações sociais, demandando um esforço coletivo para suplantar as restrições impostas aos convívios familiar e profissional. Embora a pandemia tenha sido um fenômeno global, ela foi experienciada de maneira diversa em diferentes contextos, mobilizando reflexões, problematizações e discussões sobre a organização da vida em sociedade.

Transcorrido esse tempo, pode-se questionar a razão pela qual ainda se insiste em apresentar e discutir questões desse período no Brasil. Um dos motivos advém da necessidade de manter viva a história para explicitar as contradições da realidade. Se, por um lado, precisamos conviver com práticas governamentais negligentes com o cuidado da vida, ataques à ciência, acirramento das desigualdades sociais, perdas de afetos, intimidação e perseguição à livre expressão e ameaça ao Estado democrático de direito, por outro vivenciamos e intensificamos a luta da classe trabalhadora contra todas as formas de exclusão referenciada pela onda conservadora-reacionária. Isso exigiu, no âmbito das singularidades e da coletividade, o cuidado de si e do outro em um constante reinventar-se.

Para a educação pública, a redução no investimento decorrente da política neoliberal, já em curso antes do período pandêmico por uma série de reformas e ajustes fiscais, acentuou as dificuldades de acesso e permanência de crianças e jovens na escola básica e nas instituições de educação superior. Isso porque esse momento exigiu outros recursos para a frequência e para o acompanhamento das aulas, como aparelhos eletrônicos, banco de dados para acessar a internet, aplicativos e plataformas digitais. O improviso de políticas governamentais, aliado ao amadorismo pedagógico e tecnológico, respondeu, em grande parte, pela (des)continuidade das atividades educativas nos diferentes níveis do ensino.

Foi um tempo de incertezas marcado por informações falsas e irresponsáveis veiculadas em redes sociais a respeito do vírus, da vacinação, das medidas sanitárias e da situação político-econômica do país. A arbitrariedade da lógica formal, ou seja, a defesa do pensamento unilateral, numa espécie de "isso ou aquilo", lado "A" ou "B", "bem" ou "mal", ganhou dimensões quase irreversíveis, agravando o isolamento e o distanciamento entre as pessoas. A educação não esteve ilesa a esse cenário e buscou, via diálogo entre diferentes visões de mundo, junto aos/às pesquisadores/as, professores/as, estudantes e associações científicas e de classe, contornar os danos causados pelas dificuldades de acesso às instituições de ensino.

Neste livro, que tenho a honra de prefaciar, o leitor e a leitora encontrarão reflexões, problematizações, resultados de pesquisas e relatos de experiências sobre os trabalhos pedagógico e docente realizados por um grupo de professoras e pesquisadoras no período da pandemia de Covid-19. Constituído por sete capítulos, a obra traduz como algumas instituições públicas de educação das regiões Sul e Sudeste vivenciaram esse período de (in)certezas, no qual os profissionais da educação, diante das urgências, depararam-se com um conjunto de regras, via decretos, resoluções, portarias e ordem de serviço, emitidos pelo poder público (municipal, estadual e federal) e diretores institucionais, com o intuito de assegurar o direito à educação e a continuidade do ano letivo.

O ordenamento legal apresentou implicações para a formação e para o trabalho docente, pois as regras em geral destinaram-se a organizar e legitimar os tempos, os espaços e as atividades exercidas por muitos profissionais. A esse respeito vale considerar os estudos de Apple[1] sobre regras constitutivas ou básicas e regras de preferência. "As regras básicas são como as regras de um jogo: parâmetros amplos nos quais as ações correm. As regras de preferências, como o nome sugere, são aquelas que podemos escolher dentre as regras do jogo".

---

[1] APPLE, M. *Ideologia e Currículo*. 3. ed. Porto Alegre: Artmed, 2006. p. 129.

As regras básicas correspondem à implementação do ensino remoto como alternativa para manter crianças e jovens estudando diante da complexidade do momento. As regras de preferências incidiram em algumas escolhas e encaminhamentos da prática pedagógica, sobretudo nas salas virtuais nas quais o ensino era síncrono. As escolhas, individuais ou coletivas, intencionais ou espontâneas, colocaram na vitrine as condições materiais e objetivas da exclusão digital de grande parcela da população e os arremedos tecnológicos por falta de financiamento das instituições públicas. O exercício profissional, viabilizado pelo ensino remoto, adentrou a esfera da vida privada dos docentes e das famílias e, de certo modo, escancarou as desigualdades socioeconômicas acobertadas por uma sociedade de classes.

Desse modo, os capítulos apresentados a seguir partem de diferentes contextos e objetos de pesquisa. Eles, no entanto, preservam a unidade nas análises sobre a categoria do ensino remoto desenvolvido no período de isolamento/distanciamento social. Trata-se de um problema real, que imputou os/as gestores/as dos sistemas de ensino, pedagogos/os, professores/as e famílias a organizarem tempos e espaços diferenciados com a utilização simultânea de variadas tecnologias digitais.

Um ponto de destaque é a busca pela compreensão da organização do ensino remoto utilizando, como metodologia para produção dos dados, entrevistas, relatos de experiências e grupos focais. Os quatro primeiros capítulos têm como campo de pesquisa os anos iniciais do ensino fundamental e os sujeitos são alunas/os, professoras/es e as famílias. As análises, respaldadas por um referencial crítico, consideram as categorias cultura, *habitus*, capital cultural e tecnologia. Elas fornecem elementos para entender que muitas práticas pedagógicas no ensino remoto são práticas culturais profissionais consolidadas no ensino presencial.

É importante mencionar a articulação entre a educação básica e a educação superior nas discussões apresentadas pelas autoras. Os três últimos capítulos tratam dos estágios supervisionados, do Programa Residência Pedagógica (não só o do Governo Federal) em cursos de licenciatura em Pedagogia e Química, e das práticas desenvolvidas nas escolas de educação básica que apresentaram as dificuldades e as possibilidades de formar professores via ensino remoto. Ao mesmo tempo que foi uma dificuldade pelos mesmos problemas apresentados na educação básica, abriu-se uma possibilidade para os futuros docentes apropriarem-se da utilização das tecnologias digitais e entender outras formas de organização desses espaços.

Os desafios colocados à formação e à organização do trabalho pedagógico e docente não se encerram na viabilidade do ensino remoto e no uso de tecnologias digitais, conforme explicitado no conjunto das discussões do presente livro. Há, portanto, uma necessidade de desvelar as atribuições requeridas à formação e ao trabalho docentes e como eles articulam-se às condições materiais de vida da classe trabalhadora. Disso surgem as questões: como implementar o ensino remoto quando a necessidade de muitas famílias é garantir as condições mínimas de sobrevivência? Como assegurar a qualidade da educação em meio ao processo de desvalorização da escola, da universidade e do conhecimento científico?

A leitura deste livro provoca-nos a tecer tais questionamentos e mobiliza-nos a refletir que, mesmo com a intensificação e a precarização do trabalho dos profissionais da educação, acentuadas pela emergência em instituir o ensino remoto, os compromissos social e político de ensinar e pesquisar não estiveram ausentes, pois foi na adversidade da realidade que foram desenvolvidas alternativas de enfrentamento para minimizar o retrocesso na qualidade da educação. As escolas e as universidades demonstraram, mesmo com dificuldades financeiras em meio a tentativas de desqualificar todo o pensamento teórico e crítico, os valores cultural e social do processo formativo-educativo para instituir um projeto civilizatório mais humano, científico, democrático e com justiça social.

Parabéns às autoras e meu fraterno abraço.

Prof.ª Dr.ª Ângela Maria Silveira Portelinha

Professora Associada da Universidade Estadual do Oeste do Paraná (Unioeste), campus Francisco Beltrão/PR.

Líder do Grupo de Pesquisa Educação Superior, Formação e Trabalho docente (Gesfort).

Membro da Rede Nacional de Pesquisas em Pedagogia (RepPed).

REFERÊNCIA

APPLE, M. *Ideologia e currículo*. 3. ed. Porto Alegre: Artmed, 2006. p. 129.

SUMÁRIO

INTRODUÇÃO

Como salienta Boaventura de Souza Santos,[2] o ano de 2020 representa "o presente que acabou, sem nos darmos conta". Para o autor, não se trata de classificações ou demarcações históricas, mas da experiência que devastou vidas e desorientou as formas de existir, fossem elas econômicas, culturais, políticas ou sociais.

A escola como instituição social, portanto, foi profundamente afetada pelo contexto de pandemia de Covid-19, que impôs a reorganização dos processos de escolarização, forçando professores, alunos, gestores e famílias a buscarem estratégias educacionais e de comunicação capazes de redefinir as relações pedagógicas.

Desse modo, tratar sobre os processos de escolarização e de formação de professores durante a pandemia pressupõe situar um conjunto de experiências que variam conforme o tempo, o espaço e as condições objetivas dos alunos e suas famílias, unidades escolares com seus profissionais e sistemas de ensino.

Viver 2020, com as incertezas sobre o vírus e seus desdobramentos decorrentes do isolamento social, foi muito diferente da organização e da experiência de 2021. No primeiro ano vivíamos a sensação de ruptura da vida social que até então conhecíamos. Não em vão uma expressão muito corriqueira para descrever o que a vida havia se tornado era "novo normal" – usar máscaras, álcool em gel para desinfectar as mãos e tudo mais, valer-se dos softwares de aplicativos para manter as relações sociais, reorganizar-se financeiramente com os crescentes índices de demissão e de suspensão de contratos de trabalho.

O segundo ano foi marcado pelos picos de morte por Covid-19, ao mesmo tempo que convivíamos com a expectativa da retomada da vida social, com a chegada da vacina, a despeito do negacionismo do Governo Federal. Foi ainda em 2021 que ocorreu a retomada das aulas presenciais em grupos de revezamento ou escalonados.

---

[2] SANTOS, B. S. *O futuro começa agora*: da pandemia a utopia. São Paulo: Boitempo, 2021. p. 16.

Os medos, as incertezas e a nova experiência do ensino híbrido impuseram outras experiências para os professores e alunos.

Já o ano de 2022, terceiro da pandemia, foi marcado pela retomada das atividades presenciais, mas a vida já não era mais a mesma. A continuidade dos contágios e a necessidade de isolamento nesses casos somou-se à experiência da retomada total das aulas. No entanto o grande "choque" para os profissionais da educação foi perceber que o comportamento dos alunos já não correspondia mais àquele esperado pelos professores – a cultura escolar parecia ter se perdido na medida em que "casa e escola" eram um só local e os efeitos emocionais do isolamento social e da brutalidade de mais de 700 mil vidas perdidas pareceu marcar essa geração de crianças e jovens.

Fernandéz Enguita[3], ainda nos primeiros meses da pandemia, publicou um artigo intitulado *El virus, ese gran inovador* e iniciou o texto com a seguinte provocação: "Será posible que un virus agite más la escuela que decenios de movimientos de renovación, grupos de innovación y promesas de disrupción?".

Tal questão convoca-nos, enquanto pesquisadoras, a pelo menos duas tarefas: a primeira, recolher indícios, documentar, registrar e preservar todo tipo de material que possa resguardar as especificidades de cada um dos momentos vividos pelas instituições de ensino durante a pandemia. A segunda refere-se a estudar detidamente os pilares e as balizas que orientaram o funcionamento dos processos educacionais nesses anos de isolamento social, pois essas escolhas – mais ou menos conscientes, com mais ou menos recursos disponíveis – desvelam concepções e disputas intrínsecas à educação.

A emergência sanitária causada pelo vírus SARS-CoV-2 fez emergir questões sociais e pedagógicas que estavam adormecidas ou pareciam superadas.

Foi nesse cenário e com tais inquietações que um conjunto de pesquisadoras dedicou-se a registrar "no calor do momento" as

---

[3] FERNÁNDEZ ENGUITA, M. El virus, ese gran inovador. *Cuadernos de Pedagogía*, n. 512, sección Tema del Mes, sept. 2020, Wolters Kluwer. Disponível em: https://blog.enguita.info/2020/10/el-virus-ese-gran-innovador.html. Acesso em: 2 mar. 2021.

estratégias pedagógicas, as alternativas e os caminhos experimentados, os sentimentos e as impressões dos diversos sujeitos que vivenciaram as demandas da pandemia a partir de seus papéis sociais e profissionais e analisar, à luz de teorias e pesquisas educacionais, o quanto as situações seriam disruptivas ou apenas a exacerbação de antigos e conhecidos problemas educacionais.

Em 2023, quando da realização da 41ª Reunião Nacional da Anped, o grupo de pesquisa Docência em suas múltiplas dimensões (PUCSP / CNPq) organizou dois painéis temáticos. Um intitulado "Gestores, professores e alunos em aulas remotas: desafios, desigualdades e experiências escolares", que abordou questões pertinente à educação básica, e o segundo painel, "Estágio curricular supervisionado no ensino remoto em contexto de distanciamento social e pandêmico", que tratou sobre essa especificidade na formação de professores. Esta obra, nasce das discussões decorrentes desses painéis e do convite feito a outras pesquisadoras que agregaram elementos às discussões.

Tratar sobre as emergências da escola e da formação de professores significa convidar o leitor a olhar para esse período do ensino remoto com base na necessidade imediata de reorganização dos sistemas de ensino, que ocorreu como uma bricolagem de experiências, práticas, (im)possibilidades materiais e a necessidade de manter as garantias jurídicas do acesso à educação; e também no sentido de emergir concepções de ensino-aprendizagem que estavam latentes, uma compreensão mais apurada sobre a relação que a sociedade tem com as tecnologias digitais e com as redes sociais, bem como desvelar o quão profunda são as desigualdades social e educacional em nosso país.

Assim, esta obra está organizada de modo que os quatro primeiros capítulos tratam sobre os desafios das unidades escolares, dos professores, do processo de alfabetização e o papel das famílias e a percepção dos alunos da Educação Básica sobre a pandemia. Os três últimos capítulos apresentam experiências vivenciadas por universidades públicas federais para garantir a realização dos estágios supervisionados curriculares necessários para a formação de professores.

O capítulo "E agora escola?", de Maria Helena Bertolini Bezerra e Luciana Maria Giovanni, abre a coletânea traçando um panorama dos desafios que as escolas de educação básica enfrentaram nesses anos de pandemia, tomando como referência o conceito de cultura de Raymond Williams. A partir de grupos focais organizados com gestores, professores da educação básica e professores universitários, as autoras demonstram que as experiências relatadas por esse grupo são a expressão do que ocorreu nas escolas e universidades em todos os cantos do país. Esse é um fato que merece destaque, pois mesmo sem uma coordenação nacional, as alternativas encontradas e as dificuldades vivenciadas foram muito homogêneas.

Em "Retratos da pandemia: os desafios da docência na educação básica", Lúcia Matias da Silva, vale-se dos conceitos de *ethos* e *habitus* para analisar a experiência profissional do ensino remoto, relatada por duas professoras dos anos iniciais do ensino fundamental. Nesse texto percebemos claramente as demandas, as angústias e os desafios enfrentados por essas duas professoras – que representam o cotidiano de milhares de professores que atravessaram a experiência das aulas remotas.

Adriane Knoblauch e Adriana Denise Bento, no capítulo "Alfabetização, pandemia Covid-19 e capital cultural: relações entre família e escola", colocam luz em outra face dos processos de escolarização. As autoras investigam os impactos da pandemia na aprendizagem de crianças que em 2020 estavam matriculadas no 1º ano do ensino fundamental e as estratégias familiares que podem ter favorecido seus desempenhos escolares. Os dados, coletados na cidade de Pinhais (PR), estão muito bem descritos e questionam as análises que levam em conta apenas a escolaridade dos pais ou a renda para explicar as desigualdades escolares. Ao aprofundar a pesquisa com entrevistas, as autoras identificam que a "transmissão da herança" nas camadas populares dá-se a partir de estratégias e escolhas familiares bastante conscientes e que o trabalho docente tem um papel singular na garantia de redução das desigualdades escolares.

O capítulo "Tecnologias digitais e relações escolares: incorporação e tensão", elaborado por Alda Junqueira Marin, Ana Paula Ferreira da Silva e Sandra Maria Sanches, coloca o foco na experiência dos estudantes do 5º ano do ensino fundamental de uma escola pública de São Paulo. É interessante destacar a percepção dos jovens em relação aos processos de aprendizagem, aos procedimentos pedagógicos e ao valor que atribuem aos grupos de pares, professores e à escola. O texto apresenta indícios sobre como os adolescentes relacionam-se com as redes sociais no que diz respeito desde as buscas das respostas certas das lições até a tradução de textos para manter conversa com pessoas em outros países.

Esse conjunto de textos dá-nos um panorama sobre o ensino remoto a partir da escola de educação básica e, mais especificamente, os enfrentamentos vividos nos anos iniciais do ensino fundamental. Mas como os cursos de formação de professores foram reorganizados para garantir a realização dos estágios supervisionados que têm como função garantir na formação inicial a interlocução entre universidade e escola? Cabe destacar que os professores responsáveis pelas disciplinas com estágios supervisionados foram duplamente desafiados nesse contexto, pois precisaram reorganizar seus modos de lecionar – visto que também estavam aprendendo a organizar aulas remotas – e orientar a observação da escola – que já não era mais a mesma.

O capítulo "Caminhos cruzados entre a universidade pública e a escola básica no contexto pandêmico: o estágio curricular em foco", organizado por Maria Cecilia Sanches e Adriana Patrício Delgado, conta-nos como a Universidade Federal de São Paulo, pioneira na concepção e na consolidação do Programa de Residência Pedagógica (PRP), reorganizou-se. O texto resgata as resoluções e as normatizações que orientam os estágios curriculares obrigatórios e descreve como o PRP foi estruturado para atender aos alunos de forma presencial. Na sequência, descreve os enfrentamentos e os desafios vivenciados por professores da universidade, professores da educação básica e alunos a partir das propostas oferecidas pela Rede Municipal de Educação de Guarulhos. Com base nos registros dos residentes pedagógicos, percebe-se o trabalho colaborativo e reflexivo empreendido pelos professores envolvidos nesse processo para garantir o cumprimento das horas de estágio e o compromisso com a formação desses futuros professores.

No mesmo sentido, o texto de Elaine Gomes Matheus Furlan, "Estágios supervisionados no contexto de pandemia: o que apontam os licenciandos da Ufscar/Araras", reforça o compromisso das universidades públicas e coloca o foco nas reflexões que os licenciandos realizaram durante o estágio em situação de aulas remotas. As conclusões mostram como esse exercício foi proveitoso para que os estudantes compreendessem e compartilhassem seus sentimentos e impressões com os professores das escolas e com seus supervisores na universidade, aproximando-se, assim, da realidade profissional.

Finalmente, o capítulo "Reflexões acerca do estágio supervisionado no ensino remoto: concepções, aprendizagens e possibilidades", elaborado por Luana Maria Gomes de Alencar e Ana Luíza Floriano de Moura, conta-nos sobre as experiências vivenciadas pelos estudantes da Universidade Federal do Piauí. As autoras, ao descreverem os processos de decisão que orientaram a reestruturação dos estágios, resgatam as concepções teóricas que orientam o curso para, assim, subsidiar as diretrizes de adaptação.

Esses três últimos capítulos não se furtam a mostrar os embates vividos pelas universidades e o compromisso democrático de respeitar as condições de professores e alunos para que essas atividades obrigatórias fossem oferecidas de modo respeitoso com todos os envolvidos.

Desejamos, assim, que nossas inquietações, expressas em cada um dos capítulos, reverberem nos leitores, de modo que a obra possa contribuir para adensar as discussões sobre o ensino remoto e o período pandêmico em particular, mas também ampliar as reflexões sobre os estudos da escola e da formação de professores na contemporaneidade.

As organizadoras

REFERÊNCIAS

FERNÁNDEZ ENGUITA, M. El virus, ese gran inovador. *Cuadernos de Pedagogía*, n. 512, sección Tema del Mes, sept. 2020, Wolters Kluwer. Disponível em: https://blog.enguita.info/2020/10/el-virus-ese-gran-innovador.html. Acesso em: 2 mar. 2021.

SANTOS, B. Souza. *O futuro começa agora*: da pandemia a utopia. São Paulo: Boitempo, 2021.

1

E AGORA ESCOLA?

Maria Helena Bertolini Bezerra
Luciana Maria Giovanni

O presente estudo integra-se ao Grupo de Pesquisa Docência em suas Múltiplas Dimensões (CNPq), cujo objetivo principal é o de compreender o uso da tecnologia nas escolas focalizando estudantes, professores e gestores em suas práticas cotidianas de ensino e aprendizagem.

Devido à familiaridade entre o tema de pesquisa do grupo e os acontecimentos em torno da pandemia, houve a necessidade de adequação de objetivos de estudo ao contexto escolar pandêmico. Desse modo, os resultados ora apresentados correspondem a um subtema oriundo da necessidade de compreender o uso das tecnologias nas escolas na relação com os sujeitos que delas fazem parte. As esferas pública-privada, assim como o tempo e os espaços escolares, constituíram-se em eixos que ajudaram a organizar as conversas com os sujeitos da pesquisa, possibilitando compreender práticas em um contexto mais amplo e relacional.

Como consequência da necessidade de suspensão das aulas provocada pela pandemia da Covid-19, em 2021, as escolas brasileiras passaram a vivenciar um novo contexto que exigiu tomadas de decisões a partir do que já existia.

A existência da escola concretiza-se em práticas específicas muito peculiares. É próprio da escola como instituição a transmissão dos conhecimentos escolares resultantes de um acúmulo de descobertas científicas em tempos e espaços específicos. Esses conhecimentos são articulados, em certa medida, com os conhecimentos escolares didatizados de modo a serem adquiridos pelos estudantes. É tarefa intrínseca dos professores buscar meios considerados os mais eficientes para atingir seus objetivos de acordo com o que pretendem ensinar. A aprendizagem, sistematicamente adquirida pelos estudantes por meio do esforço individual, mas imbricado a outros sujeitos envolvidos no mesmo processo, traduz-se em um movimento de trocas constantes.

Durante a pandemia, o grande desafio foi manter o funcionamento das escolas em meio a um cenário absolutamente novo e adverso no mundo inteiro, tendo como principal problema daquele momento a mudança radical do modo de operar da escola para continuar cumprindo seu papel. É curioso pensar que essa mudança radical no cotidiano de todos alterou as práticas escolares no sentido de validar a função social da escola, especialmente junto às populações menos favorecidas, pois suas necessidades materiais mostraram uma sociedade excludente, sobretudo por não possibilitar o efetivo trabalho específico da escola, que é a transmissão do conhecimento.

O uso da tecnologia digital colocou-se como a grande possibilidade para que houvesse a continuidade das aulas em espaços não escolares, assim como a reorganização do tempo de aprender e ensinar.

Centralmente, as mudanças vivenciadas pela escola no período aqui tratado podem ser mais bem compreendidas com base no conceito de cultura como sistema de significações,[4] em que diferentes sistemas inter-relacionam-se. Portanto, os sistemas de significações da escola e da família são nitidamente apreendidos nesse processo específico da pandemia, a serem cotejados de maneira relacional.

A decisão de buscar compreender os acontecimentos relacionados à escola e o momento pandêmico, envolvendo profundamente a escola e seus sujeitos pela via da cultura, conceito desenvolvido por Raymond Williams, justifica-se primeiramente pelo arcabouço teórico que pensa a sociedade não como algo homogêneo, resultante de uma estrutura fixa, segundo a qual se pode enquadrar tudo que existe em um modelo único. Ao contrário disso, ao desenvolver

---

4 WILLIAMS, R. *Cultura*. Rio de Janeiro: Paz e Terra, 1992. p. 206.

o conceito de cultura para pensar a sociedade, Williams fala em culturas, possibilitando se pensar em processos sociais que fazem emergir modos de vida.

De um jeito bastante simples e não simplista, a escola surge e tem grande centralidade em nossa sociedade, porque os processos sociais vinculados a toda a revolução industrial e consolidação do capitalismo fez surgir essa instituição, correspondendo a uma parte importante do sistema de significações do modo de vida atual.

O período pandêmico evidenciou a necessidade da manutenção da escola como instituição que serviu de âncora para manter minimamente "certa ordem" social e certamente por significar que sua ausência colocaria em xeque a existência do atual processo social a que se está inserido, levando em conta que os processos sociais devem ser examinados de acordo com os conceitos de Williams[5] de modo relacional.

Então podemos afirmar, com certa tranquilidade, que a escola sobreviveu à pandemia, porém os prejuízos incalculáveis a que principalmente as populações menos favorecidas foram submetidas e as consequências negativas que ainda virão por muito tempo não são desconsiderados e saberemos mais no desenrolar de todo o processo social.

A pesquisa intitulada "Desigualdades e impactos da Covid-19 na atenção à primeira infância", lançada pela Fundação Maria Cecilia Souto Vidigal, em parceria com o Itaú Social e o Fundo das Nações Unidas para a Infância (Unicef), mostra os impactos do período pandêmico na vida das crianças em situação de vulnerabilidade social. Se calcularmos que mais de um terço da existência das crianças pequenas tenha acontecido durante a pandemia, pode-se concluir que a falta da escola e seus benefícios, como socialização, primeiras aprendizagens escolares, alimentação, cuidados e mais um universo imenso de ações, deixaram marcas profundas de desamparo de difícil reparação.

Segundo a pesquisa em tela, de 2019 a 2021, as matrículas em Centros de Educação Infantil (antiga creche) diminuíram em quase

[5] WILLIAMS, R. *A longa revolução*. Buenos Aires: Nueva Vision, 2003.

338 mil. Na educação infantil, etapa obrigatória da escolarização brasileira, foram mais de 280 mil matrículas perdidas, isso sem cotejar, no presente momento, outras etapas de ensino.

A escola tem papel importante quanto às notificações de violência sofrida por crianças e adolescentes, seja de forma direta, por meio do contato entre gestores e os conselhos tutelares, ou de forma indireta, quando são identificados casos de violência e tomadas decisões previstas em lei pela própria escola, com o objetivo de impedir a continuidade da violação de direitos. No período pré-pandemia, a taxa de notificações de violência era de 77 por 100 mil crianças, caindo para 60,4 a cada 100 mil crianças em 2020-2021. Os números permitem pensar na hipótese de que, estando na escola, as crianças e os adolescentes são mais visíveis e, de certa forma, estão mais seguros.

Entendida como um sistema de significações, a escola, com práticas muito específicas, não se encerrou em si mesma; ao contrário, manteve uma porosidade com outros sistemas. As práticas oriundas do momento pandêmico relacionam-se e mantêm estreita ligação com as tradições e manutenção de modos de agir inscritos na cultura escolar e remodelam-se a partir das novas vivências sociais, fazendo surgir novos significados.

Nos primeiros momentos da suspensão das aulas, a escola enfrentou, como primeiro problema, a dificuldade em acessar a plataforma digital contratada pela Secretaria Municipal de Educação de São Paulo, a Google *Classroom*, meio pelo qual estudantes e professores poderiam se comunicar virtualmente. Outros tantos problemas seguiram-se: falta de formação de professores para uso do Google; dificuldade no contato com familiares (várias estratégias foram criadas pela escola para contatar todos os estudantes ou seus responsáveis); falta de equipamento para professores e estudantes; falta de pacote de dados; com o tablet fornecido pela SME aos estudantes, foram poucos por turma que acessaram a rede ou a plataforma; falta de manutenção dos equipamentos; o acesso virtual ocorreu por meios particulares; troca constante de número de celular dos estudantes; limite na possibilidade de envio de atividades colocadas na plataforma para haver maior engajamento dos estudantes (duas disciplinas de cada vez). Assim, se entendido o conceito de cultura como sistema de significados partilhados e negociados, olhar para as práticas que "configuram" essa nova escola exigiu metodologia que permitisse esse acesso.

1.1 METODOLOGIA

Optou-se pela organização, de forma remota, de grupos focais[6] com 13 gestores, cinco professores da educação básica e cinco professores da universidade, para o estabelecimento de conversas sobre como esses sujeitos organizaram o trabalho na escola durante a pandemia. O grupo de participantes foi reunido com o objetivo específico de discutir e elaborar, com base em suas experiências nas escolas, um panorama das atividades que desenvolveram com os estudantes na pandemia para manter a escola em funcionamento, as dificuldades enfrentadas e as soluções. Ou seja, elaboraram grupalmente suas realidades e experiências vividas, uma vez que agir como grupo focal exigiu processos de interação, discussão e elaboração de consensos acerca dos diversos aspectos da temática em discussão. Para isso puderam usar seus próprios conhecimentos, experiências e linguagem.

O uso dessa metodologia permitiu a interação entre os participantes a partir de uma questão disparadora: quais ações foram empreendidas pela escola para resolver os problemas relacionados à necessidade de manter o funcionamento da escola durante a pandemia? A questão comum de domínio e interesse de todos facilitou a interação.

1.2 ANÁLISE E DISCUSSÃO DE RESULTADOS

Mudanças perceptíveis em relação ao tempo e ao espaço escolar, assim como diluição de fronteiras entre as esferas pública e privada foram apreendidas no diálogo dos grupos focais.

A escola mudou e ainda não se sabe o quanto essas mudanças estão perenizadas em seu cotidiano. De toda forma, não estar fisicamente presente na escola implicou o deslocamento das atividades

[6] GATTI, B. A. *Grupo focal na pesquisa em Ciências Sociais e Humanas*. Brasília: Líber Livro, 2005.

escolares para o mundo virtual. Em grau muito pequeno, as aulas ou os contatos com os estudantes aconteceram com a utilização de computadores conectados à internet, mas o *WhatsApp*, via celulares, foi o meio mais utilizado para conectar a casa dos estudantes à escola. Lembra-se a grande circulação dos celulares no espaço, quebrando a hegemonia do modo presencial nas relações sociais. Foi nesse espaço que o ensino passou a acontecer, com envio de tarefas, postagem de aulas, comunicação entre os vários sujeitos, claros problemas relacionados à maior ou menor possibilidade de acesso por parte dos estudantes, pois muitos tinham apenas o celular da família para conectarem-se à escola.

O espaço escolar vivenciado pelos estudantes desde que entram na escola foi deslocado para a casa das crianças; as turmas matriculadas durante a pandemia ficaram pelo menos dois anos no espaço privado da casa e hoje, na escola, principalmente as crianças pequenas, têm dificuldade de reconhecê-la como espaço de estar e aprender; o espaço de aprendizado da comunicação em meios coletivos públicos, principalmente quando se trata dos bebês, foi subitamente substituído com a permanência das crianças em suas casas; provas ou outros instrumentos utilizados para avaliação do aprendizado dos estudantes foram para o mundo virtual, mesmo com as dificuldades apresentadas em relação aos equipamentos e à internet.

Em vista da ausência de possibilidade de acesso à internet, o suporte para fazer provas passou a ser o material impresso e distribuído aos estudantes, denotando a permanência do modo escritural escolar e as carências materiais de muitos deles.

O acompanhamento da aprendizagem dos estudantes passou a ser realizado (ou não) a distância, fato que ficou notório em relação às turmas de estudantes com idade menor, (alfabetização). Nesse caso, pais, tios, irmãos mais velhos, passaram a vivenciar mais de perto experiências do ensinar, pois em muitos momentos foi o que restou de alternativa, tanto para as famílias quanto para os professores.

A falta do contato presencial causou sentimento de "falta" dos amigos, dos professores, dos funcionários, enfim, da escola.

Notou-se bastante confusão entre espaços virtual e presencial para ensino. Aulas que se davam no modo presencial, com professor à frente, utilizando quadro branco, aconteciam por meio de gravações posteriormente disponibilizadas pelas postagens dos professores via *WhatsApp* às suas turmas. As tarefas eram devolvidas pela mesma via, o que geralmente acontecia com os dados móveis dos celulares dos pais dos estudantes.

Os professores passaram a fazer tarefas que antes não faziam, como realizar a gravação de vídeos de histórias contadas ou mesmo de aulas, tudo acontecendo no interior das casas de professores e estudantes, espaços que passaram a ser conhecidos por muita gente, incluindo pessoas "estranhas" ao dia a dia escolar. É necessário considerar o aumento de tempo da jornada de estudantes e professores nesse remodelamento de fluxo e tipos de tarefas escolares.

Nessa configuração, a escola passou a utilizar a tecnologia mais intensamente para realização das aulas, mas com o enquadramento em práticas anteriores quando das aulas presenciais. Como exemplo cabal da permanência de práticas consolidadas no cotidiano escolar está a gravação de vídeos com leitura em voz alta feita pelas professoras para serem encaminhados por *WhatsApp* aos familiares e, consequentemente, aos estudantes. A ação reproduz o modo de agir quase diário nas salas de aula brasileiras em tempos de aulas presenciais, que são as denominadas leituras compartilhadas; em geral, nos anos iniciais do ensino fundamental, um livro de literatura infantil é escolhido e lido pela professora. A mesma postura da professora que se posiciona à frente da sala de aula e comanda a atividade é reproduzida na filmagem, incluindo indagações às crianças, por vezes na espera de antecipações em relação ao desenvolvimento do enredo da história.

A gravação em vídeo da leitura em voz alta popularizou-se nas escolas durante a pandemia e exigiu das professoras um aprendizado para o manuseio dos equipamentos audiovisuais e mesmo na transmissão digital para os estudantes, demandando muito esforço, mas que não se traduziu em novas práticas didáticas visando à aprendizagem dos estudantes, a não ser pelo uso da tecnologia que permite a mesma ação didática, contudo a distância. É bem verdade que as condições de possibilidades eram bastante limitadas, desde equipamentos e acesso à internet, entre outros itens, mas o que se pode afirmar é que a relação escolar não presencial seguiu na mesma direção da sala de aula presencial, pelo menos quanto a sua realização.

Esse fato pode ser analisado na obra *Cultura*, de Williams,[7] que trata das transformações das práticas motivadas por necessidades sociais, assim como por motivos políticos e econômicos, sem que haja rompimento com o sistema de significações. As mudanças são negociadas, ressignificadas, compondo alteração no próprio sistema sem desconsiderar a grande complexidade dessas alterações que acontecem nas relações sociais. Por esse motivo a análise relacional é tão necessária.

Raymond Williams, em *Marxismo e literatura*,[8] aborda o conceito de hegemonia para entender teoricamente mudanças e permanências na sociedade, não no sentido usual do conceito, como controle ou como falsa consciência, mas como senso de realidade que produz determinado modo de vida. Para o autor, hegemonia

> [...] É todo um conjunto de práticas e expectativas, sobre a totalidade da vida: nossos sentidos e distribuição de energia, nossa percepção de nós mesmos e do mundo, é um sistema vivido de significados e valores constitutivo e constituidor, que, ao serem experimentados como práticas, parecem confirmar-se reciprocamente. Constitui assim um senso de realidade para a maioria das pessoas na sociedade, um senso de realidade absoluta porque experimentada, e além da qual é muito difícil para a maioria dos membros da sociedade movimentar-se na maioria das áreas de sua vida. Em outras palavras, é no sentido mais forte de "cultura", mas uma cultura que tem de ser considerada como domínio e subordinação vividos de determinadas classes.

O senso de realidade constituído na maioria das pessoas por meio das práticas sociais, nesse caso, as práticas escolares dos sujeitos todos, especialmente dos professores e estudantes, confirmou a

---

[7] WILLIAMS, 1992.

[8] WILLIAMS, R. *Marxismo e literatura*. Rio de Janeiro: Zahar, 1980. p. 113.

necessidade de manutenção de modos de agir escolares, mesmo que as tecnologias tenham sido consideradas como a grande possibilidade de superação das dificuldades advindas da necessidade de alteração dos tempos e espaços escolares para que a escola continuasse cumprindo sua função. Não obstante, mesmo se consideradas as diferenças de oportunidades em relação ao uso da tecnologia pelas classes desfavorecidas, manter atividades impressas como meio de atingir todos os estudantes confirma a manutenção de uma característica fundamental das práticas escolares, que é a forma escrita como principal meio de transmissão de conhecimento.

O uso das plataformas virtuais, mais para o final da pandemia, foi intensificado como espaço de ensino e aprendizado, local onde se postavam aulas, tarefas e o retorno de atividades de alunos e professores, embora alguns participantes dos grupos focais afirmem o abandono completo das plataformas com o retorno às atividades presenciais.

Mudanças são perceptíveis em relação ao tempo escolar. Se, anteriormente à pandemia, o uso da internet por adolescentes e jovens era grande, a pandemia fez esses números aumentarem muito. De acordo com a Agência Brasil,[9] de 16/08/2022, anteriormente à pandemia da Covid-19, 89% de crianças e adolescentes tinham acesso à internet (aqui não se discutem os meios, pois sabemos o quanto esse acesso foi desigual para o caso das aulas). Após dois anos, na região Nordeste do país, por exemplo, o percentual passou de 79% em 2019 para 92% em 2022. Nas áreas rurais, o acesso passou de 75% para 90%.

Considera-se o aceleramento do uso de celulares pós-pandemia, mudando a relação no tempo de duração das tarefas escolares, das aulas, da pesquisa etc. O uso em massa de celulares pela população escolar evidenciou tais mudanças por parte dos estudantes em relação à realidade virtual, produzindo certa dependência. As marcas nos corpos dos adolescentes testemunham esse momento,

---

[9] CRUZ, E. P. Nove em cada dez crianças e adolescentes são usuárias de internet. *Agência Brasil*, Educação, 2022. Disponível em: http://nove-em-cada-dez-criancas-e-adolescentes-sao-usuarias--de-internet. Acesso em: 10 fev. 2024.

seja pela postura corporal ou pela mutilação crescente, práticas a serem melhor examinadas interdisciplinarmente.

No retorno dos estudantes houve muitas faltas por causa da dependência de jogos virtuais. O tempo escolar foi flexibilizado, assim como embaralhado. Dias inteiros utilizados pelos estudantes no mundo virtual.

O espaço privado pouco se relaciona com o espaço público da escola, estudantes vão para casa e entram em seus equipamentos; o processo de inserção no mundo virtual não está relacionado ao conhecimento escolarizado. Possivelmente, com maior acesso dos estudantes às plataformas virtuais, um uso mais escolar desse meio possibilite maior compreensão sobre a relação tempo e espaço de aprendizado, embora haja relatos de que, com o retorno às aulas presenciais, a plataforma Google *Classroom* tenha sido abandonada na maioria dos casos.

CONSIDERAÇÕES FINAIS

A principal constatação de professores e gestores parece ser a ressignificação do papel da escola. Apesar de todos os problemas apontados, os participantes afirmam perceber maior valorização da escola por parte de todos os agentes: gestores, professores, alunos, família e funcionários.

A escola como instituição formal, constituída a partir da necessidade de transmissão de um aprendizado específico de certos conhecimentos, selecionados de acordo com os significados que importam socialmente, precisa ser abordada em sua imensa complexidade.

As alterações vivenciadas pela escola quanto aos espaços e tempos escolares durante o período pandêmico, assim como a definição clara entre os espaços público e privado, na relação com o uso das tecnologias, trouxeram muitas possibilidades para se pensar a escola e sua função social. As permanências e as mudanças dão pistas muito importantes para o prosseguimento das pesquisas em educação, por se tratar de um importante momento de inflexão, em que foi possível enxergar mais claramente a escola como espaço de relações sociais.

E justamente na constatação de que há grandes permanências quanto às práticas escolares, mesmo em cenário que deslocou provisoriamente os tempos e os espaços escolares para o interior das casas dos estudantes, é que vale pensar no "poder" das tecnologias como motor de mudanças nos significados compartilhados socialmente. Há muito o que se pensar.

"A tecnologia não é a vilã..." – Qual é o papel da tecnologia na escola? Quais os limites para o uso do celular? Qual o limite do que é saudável? Para responder isso, professores e gestores afirmam que a escola tem, diante de si, a necessidade de reinventar-se, sem a expropriação dos conhecimentos dos professores e revendo as antigas relações de autoridade, a hierarquia e formação muito burocratizadas.

Alunos e professores afirmam a necessidade de mediação dos professores no processo de aprendizagem e o uso do celular como ferramenta em sala de aula.

Para todos, a pandemia evidenciou ainda mais a escola como uma caixa de pandora.

REFERÊNCIAS

CRUZ, E. P. Nove em cada dez crianças e adolescentes são usuárias de internet. *Agência Brasil*: Educação, 2022. Disponível em: nove-em-cada--dez-criancas-e-adolescentes-sao-usuarias-de-internet. Acesso em: 10 fev. 2024.

GATTI, B. A. *Grupo focal na pesquisa em Ciências Sociais e Humanas*. Brasília: Líber Livro, 2005.

WILLIAMS, R. *Marxismo e literatura*. Rio de Janeiro: Zahar, 1980.

WILLIAMS, R. Cultura. Rio de Janeiro: Paz e Terra, 1992.

WILLIAMS, R. *A longa revolução*. Buenos Aires: Nueva Vision, 2003.

2

RETRATOS DA PANDEMIA: OS DESAFIOS DA DOCÊNCIA NA EDUCAÇÃO BÁSICA

Lúcia Matias da Silva

Nunca havíamos vivido nada parecido com as implicações para educação trazidas pela pandemia da Covid-19. Durante esse período, os professores e as escolas de educação básica viveram desafios sem precedentes para, de algum modo, manter o processo de ensino e aprendizagem, bem como para estabelecer vínculos com os alunos.

As situações vividas resultaram em reconfigurações da prática pedagógica construída e reconstruída em seu percurso de vida e trabalho. Essa cultura profissional expressa o que pensam, dizem e fazem e decorre de um conjunto de condições e processos que envolve um sistema simbólico de valores, normas, crenças e representações que, por sua vez, são traduzidos num *ethos* profissional já existente na escola que, com a pandemia, foi desafiado a construir norteamentos totalmente diversos.

Embora a cultura profissional seja atravessada por um processo que exige escolhas, decisões, posturas, adequações, inquietações, rupturas, rejeições, acomodações, angústias, fracassos e vitórias, tudo explicitado na interação, ela é individual.

Esse comportamento individual diante das demandas profissionais normalmente é um exercício que o sujeito faz baseado no *habitus* construído em seus processos de socialização e das disposições oriundas desse universo simbólico e concreto de vida e socialização, portanto é um comportamento individual e social ao mesmo tempo.

Porém, com o distanciamento social provocado pela pandemia, os professores foram chamados a repensar suas práticas profissionais em um cenário totalmente novo e, por isso mesmo, seu *habitus* constituído foi colocado em xeque, bem como as disposições possíveis para cada um quanto à realização de aulas remotas que pudessem ter semelhanças mínimas ao modo presencial e/ou que pudessem mobilizar os alunos a aprender.

Para entender essas questões com base em uma perspectiva possível, foi analisado o depoimento de duas professoras da educação básica que, baseadas em um roteiro, descreveram suas experiências profissionais com o ensino remoto em escolas públicas da capital e Grande São Paulo.

2.1 OS DESAFIOS DA DOCÊNCIA

Os desafios da docência há muito vêm impactando o trabalho de professores e a organização das escolas. Evidências quanto a lacunas na formação inicial, demandas oriundas da diversidade cultural e das condições socioeconômicas dos alunos, bem como sobrecarga de trabalho, precarização de salários, vínculos empregatícios e condições de trabalho, entre outras, já são bem conhecidas por essa categoria profissional.

Dentro desse quadro, vimos surgir a pandemia da Covid-19, que potencializou tais desafios em razão do distanciamento social, que apontou para os docentes, como única saída possível, o ensino remoto e toda uma dinâmica diferenciada de trabalho que os colocou diante de desafios ainda não resolvidos para grande parcela dos trabalhadores da educação básica.

O ensino remoto exigiu dos professores a proficiência na utilização de ambientes virtuais para o desenvolvimento de suas aulas, planejamento de aulas diferenciadas, criatividade para construir encaminhamentos metodológicos capazes de mobilizar os alunos e envolvê-los em aprendizagens significativas, além da organização de tempos e espaços distantes do ambiente da escola.

Esse foi também um momento em que as escolas buscaram organizar-se para manter o fluxo de aulas, criar documentos virtuais para registrar as atividades realizadas, manter de alguma maneira contato com os pais e realizar reuniões periódicas com professores em diversos formatos. De acordo com a necessidade havia reuniões gerais, por ciclo, por ano, de conselho de classe e série e reunião de pais.

Com os novos encaminhamentos em um momento em que, na verdade, ninguém sabia direito o que fazer, além de viver as angústias provocadas pela pandemia e o distanciamento social, pela primeira vez os professores tiveram que enfrentar desafios que os levaram a redimensionar a prática e reaprender a sobreviver nesse cenário caótico imposto a todos.

Para refletir sobre esse momento singular nessa relação entre professor e cultura profissional, considerou-se a cultura profissional construída coletivamente, mas explicitada de modo individual no exercício das práticas. Esse comportamento individual diante do ensino remoto pode ser considerado um caminho que os professores desenvolveram baseados no *habitus* construído em seus processos de socialização e das disposições oriundas desse universo simbólico e concreto de vida e socialização.

Para recuperar tais trajetórias de professores em um modelo virtual de aprendizagem foi possível construir "retratos da pandemia" capazes de mapear essa dinâmica entre sujeito e profissão, e esse é um processo contínuo que, ao mesmo tempo que altera e constitui as disposições[10] que levam a encontrar respostas possíveis, mantém um princípio gerador que é particular para cada um, fruto do *habitus*.[11]

Os retratos sociológicos propostos por Lahire[12] permitem discutir dois fenômenos intrínsecos a que se refere Bourdieu[13]: o primeiro – a *interiorização da exterioridade* decorrente dos processos de socialização, responsáveis por levar à internalização de disposições, comum a todos os sujeitos sociais, ou seja, de uma forma ou de outra, todos são submetidos a esse processo; e o segundo – a *exteriorização da interioridade*, que é singular para cada um e se expressa

[10] LAHIRE, B. *Retratos sociológicos: disposições e variações individuais*. Tradução de Didier Martin e Patrícia Chittoni Ramos Reuillard. Porto Alegre: Artmed, 2004.

[11] BOURDIEU, P. *A sociologia de Pierre Bourdieu*. Organizado por Renato Ortiz. São Paulo: Olho D'Água, 2003.

[12] LAHIRE, 2004.

[13] BOURDIEU, 2003.

na maneira de interpretar e responder às demandas sociais e que, em última instância, é diferente para cada sujeito social.

A discussão aqui empreendida busca responder duas questões: que cultura internalizada/ *habitus*/disposições estão presentes nas ações emergenciais dos professores diante do desafio do ensino remoto na educação básica? Como esse processo se manifesta no ensino remoto na reconfiguração das práticas profissionais dos professores? Portanto a análise realizada toma o cuidado de recuperar as trajetórias que tornaram possível responder o desafio colocado pela pandemia da Covid-19 de mapear caminhos percorridos, de confrontar situações reais vividas no trabalho remoto e, de posse de tais indicadores, identificar como professores construíram respostas às situações cotidianas e em que medida as estratégias de trabalho permitiram-lhes responder aos desafios no contexto de trabalho remoto.

A complexidade de tal tarefa reside, por um lado, justamente no caráter sempre inacabado das disposições, já que o sujeito age sobre o que lhe acontece;[14] porém esse movimento não pode ser entendido de maneira dissociada da ordem de razões da qual ele tira o sentido de suas ações e dos contextos de inserção, consciência e vontade individuais.[15]

O conhecimento produzido nesse movimento é, em parte, transferível para outras realidades e, em parte, situacional, específico e singular. Para compreensão da análise, são consideradas as disposições construídas pelo sujeito no mundo social e que o indivíduo não se produz isolado da sociedade, ele é uma realidade social caracterizada por sua complexidade disposicional, que se manifesta na diversidade dos domínios de práticas ou cenários nos quais insere suas ações.[16]

Ou seja, se ignorarmos as condições, as modalidades de aquisição e o contexto de ativação ou suspensão de uma disposição, negligenciaremos dimensões sutis e decisivas dos efeitos da socialização.

---

14 LAHIRE, 2004.

15 BOURDIEU, 2003.

16 LAHIRE, 2004.

Mas o que pode ser transferido de uma situação a outra? A resposta do autor afasta-se da generalidade e aponta para uma operação cognitiva que evidencia a *coerência de comportamentos, opiniões e práticas*. Nesse sentido, o quanto os professores conseguiram operar essa *transferibilidade* no ensino remoto a partir de suas práticas?

A *transferibilidade*, assim, é muito relativa e opera-se tanto melhor quanto mais o contexto de mobilização esteja próximo do contexto inicial de aquisição[17], fato que não ocorreu na pandemia. Então é preciso tomar cuidado com o processo de generalização que constitui problema essencial para evitar a difícil comparação de um domínio de práticas a outro, o que constituiria um erro de interpretação.

É preciso lembrar que esse trabalho, ainda que de modo remoto e realizado de outros tempos e espaços, está assentado em práticas institucionalizadas que permitem recriar, adaptar, repensar e agir com base em disposições e ações que, naquele momento, fossem capazes de assegurar a legitimidade da docência.

Nesse trabalho "real" em que se imbricam o professor e o ensino remoto repousa uma estrutura virtual que caracteriza outro tipo de interação, no qual o processo de ensino e aprendizagem deve ocorrer com práticas pedagógicas coerentes e capazes de responder à demanda e suprir a condição do distanciamento social.

Diante dessa problemática, os professores foram chamados a desenvolver seu trabalho com base em estratégias diferentes de tudo que conheciam na socialização de suas práticas. Esse entendimento impôs aos professores lançar mão de um conjunto de disposições capazes de responder ao ensino remoto em tempos de distanciamento social.

No entanto as respostas dadas pelos sujeitos estão imbricadas com um conjunto de práticas e comportamentos oriundos de seus processos de socialização[18] e alicerçam seu pensamento e sua ação para manterem ou alterarem o que foi estabelecido nas relações

[17] LAHIRE, 2004.

[18] BERGER, P. L.; LUCKMANN, T. *A construção social da realidade – Tratado de sociologia do conhecimento*. Tradução de Floriano de Souza Fernandes. Petrópolis: Vozes, 2012.

que construiu em interação nos diversos contextos[19] [20]. Mas como se constroem essas disposições? Consideramos para essa análise a construção social discutida a partir do conceito de *habitus* proposto por Bourdieu[21], que discute o fenômeno do patrimônio de disposições sociais herdadas nos processos de socialização.

A ideia de *habitus* considera a ação social tanto como fruto das estruturas sociais quanto como escolhas, baseadas na interpretação que o sujeito faz desse processo. Nenhum sujeito social pode furtar-se a esse processo que Setton[22] denomina de *fato social total*, ou seja, todos, sem exceção, interiorizam estruturas por meio de seus processos de socialização e, com base nessas socializações, constituem princípios geradores da ação.[23]

A análise desse *habitus* individual[24] permite, portanto, a apreensão da herança social presente nos sujeitos, que permite ir além de enunciar causalidades e compreender essa segunda natureza, num jogo de ações e reações para conservar ou transformar as disposições iniciais.

Significa dizer que o *habitus* está no princípio do encadeamento de ações organizadas como estratégias, sem ser o produto de uma intenção estratégica. O mundo das urgências é o mundo da prática que concede liberdade condicional para a expressão da ação sob regras implícitas, princípios inconscientes do *ethos*, que determina as condutas razoáveis ou absurdas para qualquer sujeito submetido a essas regularidades.

Contudo é preciso compreender que o sujeito tem no interior de suas ações o produto de um *modus operandi* do qual ele não é produtor e, assim, não tem domínio consciente, e esse processo,

---

19 LAWN, M. Os professores e a fabricação de identidades. *Currículo sem Fronteiras*, Reino Unido, v. 1, n. 2, p. 117-130, jul./dez. 2001. Disponível em: https://www.curriculosemfronteiras.org/vol1iss2articles/lawn.pdf. Acesso em: 9 mar. 2024.

20 LAHIRE, 2004.

21 BOURDIEU, 2003.

22 SETTON, M. G. J. A socialização como fato social total: notas introdutórias sobre a teoria do habitus. *Revista Brasileira de Educação*, Rio de Janeiro, v. 14, n. 41, p. 296-394, maio/ago. 2009.

23 BOURDIEU, 2003.

24 BORDIEU, 2003.

ainda que torne a prática singular, faz com que seja sensata, razoável e orquestrada de acordo com um ajustamento que está no princípio de produção do *habitus*.

A prática é, assim, produto de uma relação dialética entre uma situação e um *habitus*, produto de uma matriz de percepção, de um princípio gerador durável e, portanto, só é possível explicar o princípio gerador dessa prática ao relacionar a condição social de produção do *habitus* com a condição de exercício da ação.

Nesse sentido, na socialização o *habitus*/sistema de disposições constitui o núcleo duro em torno do qual gravitam as percepções, as escolhas e as ações. Diante de situações inéditas, como a exigência do ensino remoto, esse *habitus* sofre transformações. A devida compreensão dessa realidade é ao mesmo tempo, objetiva e subjetiva, entendida como um processo dialético que abrange momentos de interiorização, objetivação e exteriorização, e ninguém escapa a esse processo. Para o autor:[25]

> [...] a prática é, ao mesmo tempo, necessária e relativamente autônoma em relação à situação considerada em sua imediatidade pontual, porque ela é o produto da relação dialética entre uma situação e um habitus – entendido como um sistema de disposições duráveis e transponíveis que, integrando todas as experiências passadas, funciona a cada momento como uma matriz de percepções, de apreciações e de ações – e torna possível a realização de tarefas infinitamente diferenciadas.

Mesmo quando a mudança acontece, esse sistema de disposições "é o princípio das transformações e das revoluções regradas"[26] num processo difícil de explicar. Bourdieu aponta, assim, a coerência interna do *habitus* como um fator determinante na vida dos sujeitos pelo fato de todos serem submetidos aos processos de socialização que internalizam estruturas estruturantes da ação. Assim, até que ponto esse fenômeno pode intervir nas práticas construídas pelos professores durante o ensino remoto?

---

[25] BOURDIEU, 2003, p. 57-58.

[26] *Ibidem*, p. 68.

Então buscou-se compreender como o princípio do *habitus* foi capaz de evidenciar disposições e determinar as condutas possíveis para os professores durante o ensino remoto, de modo a legitimar suas práticas pedagógicas na educação básica.

O que dizem os dados?

Os dados foram colhidos e analisados a partir da perspectiva da pesquisa qualitativa para evidenciar elementos que apontem a forma como o *habitus* surge na ocorrência das disposições que determinaram as práticas dos professores da educação básica durante o período de distanciamento social.

Para a coleta foram selecionadas duas professoras da educação básica que atuam no ciclo I. A primeira, à época do distanciamento social e da necessidade do ensino remoto, atuava num 3º ano do ensino fundamental de uma escola pública estadual da capital, e a segunda num 5º ano também do ensino fundamental, porém da rede pública municipal de uma cidade da Grande São Paulo. As professoras, aqui identificadas como P1 e P2, têm mais de 15 anos de exercício profissional, são professoras efetivas das redes em que trabalham e formadas no Curso de Pedagogia, sendo que P2 também tem licenciatura em Letras.

O instrumento de coleta foi organizado com base em um roteiro que as professoras deveriam considerar para construir uma narrativa acerca desse período de trabalho. Chamei o documento de "depoimento" e ele foi organizado como um retrato que evidenciava as demandas colocadas para as professoras, bem como as respostas possíveis para elas a partir de suas práticas.

O roteiro foi estruturado de modo a organizar o pensamento e permitir que as professoras rememorassem o período desafiador vivido nas escolas em que atuavam no ciclo I do ensino fundamental. Foi elaborado, assim, a partir de três categorias: demandas da gestão escolar, organização das práticas pedagógicas e resultados da aprendizagem.

Apresento, a seguir, os quadros que mostram evidências dessas três categorias com a apresentação de excertos dos depoimentos das professoras pesquisadas:

Quadro 1 – Demandas da gestão escolar

Professoras	Depoimentos
P1	- Reuniões intermináveis e com pouco aproveitamento. - Impressão de que ninguém sabia como agir. - Muitos comunicados das redes, que às vezes eram contraditórios. - Mudanças contínuas nos encaminhamentos. - Discussão sobre ensino remoto e as condições para sua realização. - Registro de aulas no drive.
P2	- Muitas orientações ao mesmo tempo. - Reuniões com gestores, reunião geral, reunião com professores do ciclo, reuniões com coordenação. Muita discussão para questões semelhantes. - Decisão de abertura de grupos de *WhatsApp*, que gerou muitas reclamações. - Decisão de aulas remotas por plataformas e sugestões de como orientar professores e alunos. - Discussões de como registrar aulas/resultados.

Fonte: depoimentos das professoras. Acervo da pesquisadora

Quadro 2 – Práticas pedagógicas

Professoras	Depoimentos
P1	- Dificuldade de encontrar materiais alternativos/ diversificar aulas. - Pouco envolvimento dos alunos/baixa assiduidade. - Dificuldade para entrar em contato com alunos. - Muitas tarefas para correção/tempo excedente de trabalho. - Alunos com problemas emocionais (perda de parentes na pandemia). - Falta de equipamentos por parte dos alunos/falta de acesso à internet.
P2	- Excesso de trabalho/pouca interação com alunos e outros professores. - Pouco contato com alunos/busca ativa sem sucesso. - Mudança de alunos para outras cidades e estados. - Alunos sem computador e internet/um equipamento para vários irmãos no mesmo horário. - Professores e alunos deprimidos. - Busca de tarefas diferentes para motivar os alunos. - Usava atividades lúdicas antes da aula.

Fonte: depoimentos das professoras. Acervo da pesquisadora

Quadro 3 – Resultados da aprendizagem

Professoras	Depoimentos
P1	- Mães e irmãos fazendo atividades do aluno. - Atividades incompletas ou sem fazer. - Dificuldades para entrar na plataforma para realizar atividades. - Estratégia de trabalhar com vídeos para discussão. - Aula remota dialogada para favorecer o entendimento do que os alunos aprenderam. - Favorecer a participação com chamada oral.

P2	- Dificuldades com a participação dos alunos. - Muitas dificuldades com o acesso à internet. - Alunos que não tinham computador/celular e os pais e responsáveis levavam os celulares para o trabalho. - Os alunos mostravam-se desanimados/tinham dificuldades de entendimento das atividades. - Trabalho com vídeos, mas muitos ficavam distraídos.

Fonte: depoimentos das professoras. Acervo da pesquisadora

2.2 RETRATOS DO PROCESSO DE ENSINO E APRENDIZAGEM NA PANDEMIA

Como é possível observar por meio dos excertos de depoimentos das professoras envolvidas com a docência durante o ensino remoto decorrente do distanciamento social provocado pela Covid-19, professores e alunos enfrentaram desafios de difícil solução durante esse período específico e mesmo depois dele.

A análise dos encaminhamentos dados pela ***gestão das escolas*** evidencia o quanto os especialistas mostraram-se perdidos para organizar a escola e as práticas pedagógicas, uma vez que mesmo os órgãos centrais não emitiam orientações definitivas, pois também dependiam das orientações sanitárias publicadas naquele momento.

Justificam-se, portanto, as falas das professoras: "*reuniões intermináveis e com pouco aproveitamento*" ou "*nos primeiros dias do isolamento nem mesmo os órgãos centrais sabiam como agir*" (P1); "*o fato de receberem muitas orientações ao mesmo tempo*", "*a participação em reuniões com vários segmentos da escola*" (P2). E as duas destacaram o fato dessas primeiras decisões mostrarem-se "*contraditórias*" (P2), "*com mudanças contínuas*" (P1) e muitas vezes com "*conteúdos semelhantes*" (P2).

Portanto as percepções, as escolhas e as ações dos sujeitos envolvidos na tomada de decisões não parecem encontrar respaldo no *habitus* constituído e, portanto, suas disposições parecem difusas para lidar com os desafios institucionais que se voltam para eles a partir da obrigatoriedade do isolamento social.

Para Bourdieu,[27] a ideia de *habitus* considera a ação social tanto como fruto das estruturas sociais quanto como escolhas, baseadas na interpretação que o sujeito faz desse processo. No entanto, no caso analisado não havia uma interpretação possível para que os sujeitos pudessem lançar mão de um *habitus* constituído. A análise inicial diante da singularidade do fenômeno da Covid-19 foi optar por um encaminhamento drástico, até que gradualmente outra compreensão fosse mais pertinente.

No momento seguinte, quando a questão do distanciamento social parecia aceita como a decisão mais viável, as discussões pautaram-se, segundo o relato das professoras, no que fazer diante do desafio que tinham diante si para oferta da escolaridade aos alunos.

Elas declararam em suas falas a ocorrência de "*discussões sobre o ensino remoto*", sobre as "*condições para sua realização*", bem como para "*registrar tais ações* (P1). O depoimento da professora (P2) informa-nos sobre encaminhamentos que decidiram pela "*abertura de grupos de WhatsApp, o que gerou muitas reclamações*", fala sobre a "*decisão de aulas remotas por meio de plataformas e sugestões de como orientar professores e alunos*" e, ainda, sobre "*como registrar aulas/resultados*".

Os encaminhamentos considerados apontam para um *habitus*[28] que busca nas estruturas sociais as disposições[29] para conformar o trabalho dos professores alicerçado nas disposições já construídas pela cultura escolar no modelo presencial graças aos processos de socialização.[30]

Assim, a conversa por *WhatsApp* passa a ser o meio de interação inicial que se consolida nas aulas remotas, as orientações dadas aos professores e alunos voltam-se para atividades orais, lúdicas e informais, e finaliza com a preocupação também presente na cultura e na organização da escola de efetuar registros e resultados que de

[27] BOURDIEU, 2003.

[28] BOURDIEU, 2003.

[29] LAHIRE, 2004.

[30] BERGER; LUCKMANN, 2012.

alguma maneira dimensionassem a aprendizagem dos alunos e o trabalho dos professores.

De acordo com as professoras, as ***práticas pedagógicas*** passam a ser a preocupação do segundo momento de tomada de decisões por parte das escolas para manter vivo o processo de ensino e aprendizagem. Em suas narrativas, a professora (P1) expressa "*dificuldade de encontrar materiais alternativos ou diversificar aulas*" e, por outro lado, "*pouco envolvimento dos alunos/baixa assiduidade*", além de "*alunos com problemas emocionais devido à perda de parentes*".

A orientação da escola foi a de que os professores tentassem manter o vínculo com os alunos de modo a estabelecer "*condição necessária para a aprendizagem*", além de buscar alguma atividade que tornasse "*a aula mais alegre e atrativa*" para os alunos.

A professora (P1) declarou que embora tentasse melhorar a qualidade das aulas, de acordo com as especificações do ensino remoto, os alunos faltavam muito e quando participavam havia pouco interesse, ainda que ela tentasse envolvê-los num diálogo.

A condição necessária para aprender por meio de uma aula mais alegre e atrativa também demonstra o cansaço e a impotência sentida pela professora para atuar dentro de um modelo de aula virtual desconhecido para ela até aquele momento.

A professora (P2) começou seu depoimento reclamando do "*excesso de trabalho*" e do quanto se sentiu frustrada devido à "*pouca interação dos alunos, além de não conseguir conversar também com outros colegas professores*". Muitas das falas quanto à dificuldade dos alunos para participar das aulas e das dificuldades socioeconômicas vividas por eles surgem no depoimento das duas professoras.

Algumas falas comuns apontam a "*dificuldade de contato*" com alguns alunos, de ações da escola como "*busca ativa*" na tentativa de trazer esses alunos para as aulas remotas, tentativas de contatos telefônicos etc. Nesse movimento, as professoras declararam que "*muitos alunos mudaram de cidade ou estado*", outros não participavam "*por falta de equipamentos ou de acesso a internet*" e, ainda, situações em que vários irmãos deveriam assistir às aulas remotas no mesmo horário, mas havia na residência um "único equipamento para vários irmãos". Podemos inferir que embora tentassem melhorar a qualidade das aulas, de acordo com o modelo virtual, os alunos faltavam muito e quando participavam havia pouco envolvimento, ainda que houvesse a busca pelo diálogo.

Fica claro também o quanto esses encaminhamentos traduziram-se em horas de trabalho adicionais na busca de atividades diversificadas, bem como para correção de trabalhos enviados pelos alunos por e-mail ou *WhatsApp*. A compreensão de todos esses intervenientes evidencia uma série de desafios enfrentados durante o período de aulas remotas. A situação apresentada coloca em destaque a complexidade de elementos que definiram a qualidade dessa oferta em função das disposições possíveis para as professoras.

Lahire[31] aponta que as disposições têm um caráter sempre inacabado, já que o sujeito age em vista do que lhe acontece, porém, esse movimento não pode ser entendido de maneira dissociada da ordem de razões, da qual ele tira o sentido de suas ações, e dos contextos de inserção, consciência e vontade individuais.[32]

Esse conhecimento produzido nesse movimento é, em parte, transferível para outras realidades e, em parte, situacional, específico e singular. Para compreensão da análise considera-se as disposições construídas pelo sujeito no mundo social. O indivíduo não se produz isolado da sociedade, ele é uma realidade social caracterizada por sua complexidade disposicional, que se manifesta na diversidade dos domínios de práticas ou cenários nos quais insere suas ações.[33]

Mas diante da solidão com que essas professoras lidaram com a prática pedagógica para dar conta de um trabalho realizado de modo virtual é possível afirmar que suas disposições foram acionadas dentro de uma realidade singular, na busca de novos sentidos a serem agregados ao seu *habitus* profissional.

Quanto aos ***resultados da aprendizagem,*** as professoras declararam muitas dificuldades para realizarem o dimensionamento do quanto, de fato, os alunos foram capazes de aprender. Elas sinalizaram problemas de "*mães e irmãos fazendo atividades do aluno*", de "*atividades incompletas ou sem fazer*" por "*dificuldades para entrar na*

[31] LAHIRE, 2004.

[32] BOURDIEU, 2003.

[33] LAHIRE, 2004.

plataforma em razão do não acesso a internet", "*dificuldade de entendimento e desânimo dos alunos*", e que para minimizar tais problemas buscaram a "*estratégia de trabalhar com vídeos para discussão, embora muitos se distraíssem*", além de planejarem "*aula remota dialogada para favorecer o entendimento do que os alunos aprenderam*" e "*favorecer a participação com chamada oral*".

A tarefa de apresentar os resultados de aprendizagem durante o ensino remoto foi um desafio para o qual as professoras planejaram diferentes estratégias em busca de respostas o mais próximo possível da realidade, porém muitos resultados, segundo elas, foram emitidos dentro de uma média plausível discutida nas reuniões de conselho de classe e série, momento em que as professoras puderam socializar suas angústias quanto ao processo desenvolvido.

Tais respostas parecem imbricadas com um conjunto de práticas e comportamentos oriundos de seus processos de socialização[34] e alicerçam seus pensamentos e suas ações para manter ou alterar o que foi estabelecido nas relações construídas em interação nos diversos contextos.[35] [36]

Isso significa dizer que, de alguma maneira, as professoras buscam dentro da constituição do *habitus*[37] saídas possíveis para responderem os desafios impostos a elas durante o desenvolvimento de ações no ensino remoto. Essas saídas ou soluções encontradas traduzem-se em disposições[38] baseadas nas interpretações possíveis e gravitam em torno do *habitus*.

Embora chamadas a agir de modo específico durante as aulas remotas, ao entender que esse modelo exigiria também uma conduta inédita por parte das professoras, elas, de alguma maneira, buscaram disposições para responder ao solicitado com base em suas experiências socializadoras presentes na cultura da escola, ou seja, há incidência de um *habitus* constituído que serve de farol para as decisões tomadas.

---

34 BERGER; LUCKMANN, 2012.

35 LAWN, 2001.

36 LAHIRE, 2004.

37 BOURDIEU, 2003.

38 LAHIRE, 2004.

CONSIDERAÇÕES FINAIS

Compreender os desafios da docência durante o período de aulas remotas tornou-se o objetivo desta discussão com base em depoimentos de professoras do ciclo I do ensino fundamental. No caminho desse entendimento busquei responder duas questões: que cultura internalizada/*habitus*/disposições estão presentes nas ações emergenciais dos professores diante do desafio do ensino remoto na educação básica? Como esse processo se manifesta nas práticas profissionais dos professores nas aulas virtuais?

A discussão do princípio do *habitus*[39] teve como objetivo evidenciar disposições[40] presentes na tomada de decisões e determinar em que medida as condutas possíveis tinham relação com os processos de socialização[41] durante o ensino remoto, em função da necessidade de legitimar suas práticas pedagógicas durante as aulas virtuais.

Os resultados apontam para um *habitus*[42] que busca nas estruturas sociais as disposições[43] para conformar o trabalho dos professores alicerçado nas disposições já construídas pela cultura escolar no modelo presencial graças aos processos de socialização.[44]

No entanto o isolamento social provocou condutas que demonstraram ser possível afirmar que suas disposições foram acionadas dentro de uma realidade singular, na busca de novos sentidos a serem agregados ao seu *habitus* profissional.

Porém, ao serem chamadas a agir de modo específico ou a construírem uma conduta inédita, as professoras, de alguma maneira, buscaram disposições para responder ao solicitado com base em suas experiências socializadoras presentes na cultura da escola, ou seja, há incidência de um *habitus* constituído que serve de farol para as decisões tomadas.

---

39 BOURDIEU, 2003.

40 LAHIRE, 2004.

41 BERGER; LUCKMANN, 2012.

42 BOURDIEU, 2003.

43 LAHIRE, 2004.

44 BERGER; LUCKMANN, 2012.

Em face da pandemia, a escola e seus professores foram desafiados a construir norteamentos singulares em um cenário caótico que, em muitas situações, exigiu decisões que naquele momento extrapolavam suas condições físicas, materiais e psicológicas.

Ainda assim foram capazes de superar desafios e conformar a prática pedagógica às necessidades do momento, ao construírem encaminhamentos diversificados que se traduziram em retratos da pandemia que merecem ser tratados como exercício profissional legitimado no limite das condições objetivas.

REFERÊNCIAS

BERGER, Peter L.; LUCKMANN, Thomas. *A construção social da realidade – Tratado de sociologia do conhecimento*. Tradução de Floriano de Souza Fernandes. Petrópolis: Vozes, 2012.

BOURDIEU, Pierre. *A sociologia de Pierre Bourdieu*. Organizado por Renato Ortiz. São Paulo: Olho D'Água, 2003.

LAHIRE, Bernard. *Retratos sociológicos*: disposições e variações individuais. Tradução de Didier Martin e Patrícia Chittoni Ramos Reuillard. Porto Alegre: Artmed, 2004.

LAWN, Martin. Os professores e a fabricação de identidades. *Currículo sem Fronteiras, [s. l.]*, v. 1, n. 2, p. 117-130, jul./dez. 2001. Disponível em: https://www.curriculosemfronteiras.org/vol1iss2articles/lawn.pdf. Acesso em: 9 mar. 2024.

SETTON, Maria da Graça Jacinto. A socialização como fato social total: notas introdutórias sobre a teoria do habitus. *Revista Brasileira de Educação*, Rio de Janeiro, v. 14, n. 41, p. 296-304, maio/ago. 2009.

3

ALFABETIZAÇÃO, PANDEMIA DA COVID-19 E CAPITAL CULTURAL: RELAÇÕES ENTRE FAMÍLIA E ESCOLA

Adriane Knoblauch

Adriana Denise Bento

O presente capítulo tem dois objetivos que dialogam entre si. O primeiro é analisar dados a respeito do impacto da pandemia causada pelo vírus da Covid-19 no aprendizado de crianças durante o necessário isolamento social, no qual as escolas mantiveram suas atividades de forma remota; e o segundo é contribuir com os estudos bourdieusianos que apontam para a necessidade de um uso mais ampliado do conceito de capital cultural para a compreensão das desigualdades escolares, identificando estratégias que famílias das classes populares utilizam que favorecem um melhor desempenho escolar de seus filhos.

Para tanto serão apresentadas produções textuais de uma turma do 3º ano do ensino fundamental de uma escola pública da cidade de Pinhais, da região metropolitana de Curitiba. As tentativas de escrita que serão analisadas foram coletadas em dezembro de 2022, portanto em torno de um ano após o fim do isolamento social. Mas as crianças frequentaram o 1º e o 2º ano de forma remota, em 2020 e 2021, respectivamente. O desempenho escrito das crianças será cotejado com dados a respeito de alguns indicadores de capital cultural de suas famílias (escolarização e profissão dos pais e avós, renda familiar, atividades de lazer), coletados por meio de um questionário on-line e de entrevistas com as famílias de três estudantes, escolhidos por terem desempenhos desiguais na produção textual.

Inicialmente serão tecidas reflexões sobre o conceito de capital cultural, tal como proposto por Bourdieu, seguidas de discussões sobre a produção contemporânea das desigualdades educacionais. Em um segundo momento será exposto como o município de Pinhais organizou as atividades escolares durante o isolamento social, bem como os dados da turma selecionada para esta pesquisa. Por fim, haverá a discussão dos dados e as considerações finais, com o intuito de responder a seguinte problematização: quais as relações entre o capital cultural das famílias, o papel da escola e o desempenho escrito das crianças?

3.1 ALGUMAS REFLEXÕES SOBRE CAPITAL CULTURAL

O conceito de capital cultural foi cunhado por Bourdieu no início dos anos de 1960 como forma de explicar desigualdades escolares, afastando-se de explicações meritocráticas e voltadas para a ideologia do dom. As primeiras formulações apareceram nas obras *Os herdeiros*, de 1964, e *A reprodução*, de 1970, ambas escritas em conjunto com Jean-Claude Passeron. Mas, segundo Nogueira,[45] ao longo de sua obra, Bourdieu usou o conceito em outras esferas da vida social, como em análises sobre apropriação de obras culturais (em *O Amor pela arte*, de 1966), em diferentes práticas e estilos de vida (*A distinção*, de 1979), e, ainda, na produção intelectual do corpo docente francês (*Homo Academicus*, 1984). São análises que indicam que a riqueza cultural, não apenas a econômica, exerce efeito na construção das hierarquias sociais, de modo que a sua posse gera lucros simbólicos.

Nessa mesma direção, Almeida[46] esclarece que a noção de capital cultural está relacionada à análise da dominação e da reprodução das desigualdades sociais, para a qual é necessária a compreensão de conceitos como cultura dominante ou legítima e arbitrário cultural.

---

[45] NOGUEIRA, M. A. Capital cultural. *In*: CATANI, A. M. *et al.* (org.). *Vocabulário Bourdieu*. Belo Horizonte: Autêntica, 2017. p. 103-106.

[46] ALMEIDA, A. M. F. A noção de capital cultural é útil para se pensar o Brasil? *In*: ZAGO, Nadir; PAIXÃO, Lea (org.). *Sociologia da educação brasileira*: pesquisa e realidade brasileira. Petrópolis: Vozes, 2007. p. 44-59.

No mercado escolar, a posse do capital cultural valorizado pela escola está na origem de desempenhos diferenciados, de modo que as desigualdades sociais são convertidas em desigualdades escolares.

Segundo Bourdieu,[47] o capital cultural pode existir sob três formas: no estado objetivado (posse dos bens), institucionalizado (certificados escolares) e incorporado (assimilado na forma de *habitus*). Esse último, "não pode ser transmitido instantaneamente", pode ser adquirido "de maneira totalmente dissimulada e inconsciente" e é "objeto de uma transmissão hereditária que é sempre altamente dissimulada, e até mesmo, invisível".[48] Assim, o autor explica que há diferenças no capital cultural acumulado pelas famílias e que a sua transmissão depende da socialização familiar, que ocorreria "mais por vias indiretas que diretas".[49] Nesse sentido, herdeiros são aqueles que herdam o capital cultural acumulado por suas famílias, ou seja, um conjunto de conhecimentos valorizados pela escola. Essa herança impacta diretamente nos resultados escolares.

Dessa forma, ainda que Bourdieu não desconsidere o papel do capital econômico, suas análises indicam que o peso da família sobre o êxito escolar de seus filhos é preponderantemente cultural. Para tanto é preciso examinar o nível cultural dos pais e da família mais extensa (avós, tios, irmãos), reconhecido pelos certificados escolares, assim como a categoria socioprofissional e o local de residência, por exemplo. Mas esses indicadores permanecem insuficientes se não forem considerados o conteúdo da herança e a forma como é transmitida.[50]

Draelants e Ballatore[51] fizeram um balanço sobre o uso do conceito em pesquisas mais recentes, indicando que, em alguns casos, houve certo apagamento de nuances do pensamento bourdieusiano.

---

47 BOURDIEU, P. Os três estados do capital cultural. *In*: NOGUEIRA, Maria Alice, CATANI, Afrânio (org.). *Escritos de educação*. Petrópolis: Vozes, 2001a. p. 73-79.

48 *Ibidem*, p. 75.

49 BOURDIEU, P. A escola conservadora: as desigualdades frente à escola e à cultura. *In*: NOGUEIRA, M. A.; CATANI, A. (org.). *Escritos de educação*. Petrópolis: Vozes, 2001b. p. 39-64. p. 41.

50 *Ibidem*, p. 39-64.

51 DRAELANTS, H.; BALLATORE, M. Capital cultural e reprodução escolar: um balanço crítico. *Educação e Pesquisa*, São Paulo, n. 47, p. e470100302trad, 2021. Disponível em: https://doi.org/10.1590/S1517-97022021470100302. Acesso em: 7 abr. 2023.

Segundo os autores há um uso minimalista, restrito e ampliado do conceito nas pesquisas. Esse uso destaca apenas os certificados escolares da família, mais facilmente localizado em grandes pesquisas estatísticas. Há também o uso restrito do conceito, bastante comum nas pesquisas anglo-saxônicas, as quais o associam ao conhecimento e à apreciação de obras de arte da cultura erudita. E, por fim, há o uso ampliado do conceito. São pesquisas que procuram analisar o capital cultural incorporado, tal como sugerido por Bourdieu.

De modo em geral, as pesquisas a partir dos dois primeiros usos concluem que o capital cultural teria um peso menor na produção das desigualdades escolares contemporâneas, tendo em vista que atualmente os currículos escolares já não privilegiam mais a chamada cultura clássica. Destaca-se, ainda, que são pesquisas que ignoram, por assim dizer, a indicação bourdieusiana de considerar o conteúdo da herança. No entanto, a partir de uma definição mais ampliada de capital cultural, privilegiando a forma como é constituído a partir de novos detalhamentos, ou seja, como um processo e não como um atributo, mesmo com modificações na cultura escolar, os autores apontam para sua pertinência, porém sugerem a necessidade de abrir a caixa-preta do capital cultural, sobretudo em relação às questões linguísticas.

3.2 PINHAIS, A ESCOLA E A TURMA PESQUISADA

Pinhais está a apenas 9 km de distância do centro de Curitiba, é o menor município em extensão territorial do estado do Paraná e ocupa a 14ª economia do estado. O sistema municipal de ensino atende em média 13.800 educandos, entre educação infantil e anos iniciais do ensino fundamental, incluindo serviços de educação especial, salas de recursos para diferentes necessidades e educação de jovens e adultos.

Para organização das atividades curriculares durante o período de isolamento social em decorrência da pandemia da Covid-19 foi feita uma pesquisa junto à comunidade a fim de identificar o contexto familiar e os recursos tecnológicos disponíveis. A partir de um formulário do *Google Forms* enviado por meio do *WhatsApp* às famílias, foi possível identificar que 52,7% delas não tinham computador em casa, ao passo que 99% acessavam o *WhatsApp*. Além disso, 44,4% dos pais afirmaram terem dificuldades com o uso de recursos tecnológicos. Em função dessa realidade, a opção da Secretaria Municipal de Educação (Semed) foi pelo uso dos chamados blocos de Atividades Pedagógicas não Presenciais (APNP), que passaram a ser disponibilizados aos estudantes a partir de 1º de junho de 2020.[52]

Segundo Bento e Pacheco,[53] os blocos de atividades foram elaborados pelas professoras a partir da realidade de cada turma, mas com base em um banco de atividades organizado pela Semed, com exemplos de sequências didáticas desenvolvidas anteriormente pelas professoras da rede. Ao longo do período foram elaboradas 10 APNPs, que compuseram as 800 horas de trabalho escolar do ano letivo de 2020.

Os blocos eram entregues em dias alternados para evitar aglomeração de pessoas na escola e acompanhavam a distribuição de kits de alimentação para famílias em situação de vulnerabilidade social. As autoras comentam que os blocos foram readequados em função de problemas sentidos após a devolutiva das famílias (um grande número sem preenchimento adequado, relatos de que eram muito extensos etc.). Além disso, as professoras lançaram mão de estratégias, como chamadas de vídeo individuais ou coletivas, elaboração de vídeos com explicação das atividades, entre outras, para tentar uma aproximação maior com as crianças e suas famílias.

No entanto, mesmo com toda a organização do município e o empenho das professoras, o desenvolvimento e a resolução das atividades ficaram, efetivamente, sob responsabilidade dos familiares, o que, sem dúvida, teve um impacto no aprendizado das crianças,

[52] BENTO, A.; GAYA, T.; FRANCESCHINI, A. Gestão de uma rede municipal de ensino em tempos de pandemia: ações pautadas nos princípios do direito à educação. *In*: ROBALLO, R. (org.). *Nenhum a menos na escola*: práticas educativas no cotidiano escolar – antes, durante e pós-pandemia. Curitiba: CRV, 2021. p. 91-105.

[53] BENTO, A.; PACHECO, T. Gestão democrática e participativa: ações colaborativas em prol do acesso, permanência e direitos de aprendizagem durante a pandemia causada pelo COVD-19. *In:* SEMED Pinhais (org.). *Vivências Pedagógicas da RME de Pinhais*: desafios e superações no contexto da pandemia. Curitiba: Editora UTFPR, 2022, p. 77-86.

sobretudo daquelas que estavam no início do processo de alfabetização e tinham, portanto, menos autonomia para a realização das APNPs. Ou seja, é possível construir a hipótese de que famílias com maior aquisição de capital cultural puderam orientar com menos dificuldades seus filhos, o que não foi possível para famílias cuja posse de capital cultural não foi a tradicionalmente esperada pela escola, de modo que a pandemia causada pelo vírus da Covid-19 intensificou desigualdades escolares oriundas de desigualdades sociais.

Para testar essa hipótese serão aqui apresentados dados sobre a produção textual ou tentativas de escrita de uma turma de 3º ano que vivenciou o 1º e o 2º ano durante o isolamento social, considerando que informações importantes sobre o processo de escrita ocorreu durante aquele período por meio dos familiares na mediação das APNPs.

O critério para a seleção da turma para esta pesquisa foi ter um índice pequeno de transferências ao longo dos três anos, tendo em vista que mudanças de escola poderiam interferir no aprendizado das crianças. Foi selecionado, então, o 3º ano de uma das menores escolas do município, que atendia em torno de 280 crianças do 1º ao 5º ano do ensino fundamental I. A escola fica em uma região de ocupação, mas que estava com os terrenos regularizados e tinham como característica pouca rotatividade de seus moradores. Havia um vínculo forte entre moradores e escola, sendo que muitos pais tinham estudado na escola quando crianças.

No final de 2022 havia 34 estudantes matriculados na turma, sendo que 22 estavam juntos desde 2020. Após todo o procedimento para o cuidado com as questões éticas de pesquisa envolvendo seres humanos, a pesquisadora visitou a turma, realizou a leitura do livro *Drufs*, de autoria de Eva Furnari, e conversou sobre diferentes composições familiares. Depois dessa conversa inicial, solicitou que anotassem duas palavras ditadas por ela (diversão e relógio) e que escrevessem sobre suas próprias famílias. Nesse dia, 26 crianças estavam presentes e realizaram a atividade proposta.

Visto os dados já apresentados até aqui, é relevante também mencionar a Avaliação Diagnóstica de Escrita (ADE), realizada em novembro de 2021 pela Secretaria Municipal de Educação, para monitorar o desempenho das crianças durante a pandemia e, a partir desse diagnóstico, prever ações junto ao corpo docente para garantir melhores condições de aprendizado. A avaliação atingiu 91% dos estudantes da rede e permitiu a constatação de que desses, 33% ainda estavam nas fases pré-silábica, silábica e silábica-alfabética,[54] portanto em níveis ainda não alfabetizados.

Em relação à turma pesquisada, em 2021, com o resultado da ADE, observou-se que das 26 crianças em questão, havia 9 alfabéticas, 5 silábicas-alfabéticas, 2 silábicas e 10 pré-silábicas. No final de 2022, com os resultados da atividade de escrita, constatamos que um ano após os estudos de forma remota, a partir da mediação docente presencial, 21 crianças estavam alfabéticas, 3 silábicas-alfabéticas, 1 silábica e 1 pré-silábica.

Se compararmos as classificações podemos perceber que após o retorno das atividades escolares de modo presencial, pós-pandemia, houve evolução no processo de alfabetização. Mas é necessário fazer uma ressalva em relação à hipótese alfabética: há escritas que se constituem apenas como uma frase simples contendo os nomes dos familiares, enquanto há outras mais elaboradas, com uso de conjunções e advérbios, por exemplo. Ademais, há a necessidade de ações para a progressão de todas as crianças, de modo que atinjam o nível ortográfico.[55]

Para a presente análise foram selecionadas três crianças que tiveram desempenhos diferenciados na escrita e cujos pais responderam um questionário on-line (com questões sobre renda e composição familiar, tamanho da moradia, escolarização e profissão dos pais e avós, hábitos culturais e de lazer, entre outras) e aceitaram participar de uma entrevista.

[54] A respeito das hipóteses de escrita elaboradas pelas crianças, consultar: FERREIRO, Emília. *Reflexões sobre a alfabetização*. São Paulo: Cortez, 1995.

[55] Nível ortográfico é quando as crianças escrevem de forma alfabética, ou seja, colocando uma letra para cada fonema, e também respeitam as regras ortográficas da escrita.

3.3 A PRODUÇÃO ESCRITA DAS CRIANÇAS E O CAPITAL CULTURAL DAS FAMÍLIAS

José é uma das crianças que tinham maior dificuldade na turma. Sua escrita foi apenas uma frase e com algumas palavras inelegíveis, como pode ser observado a seguir:

Figura 1 – Tentativa de escrita de José

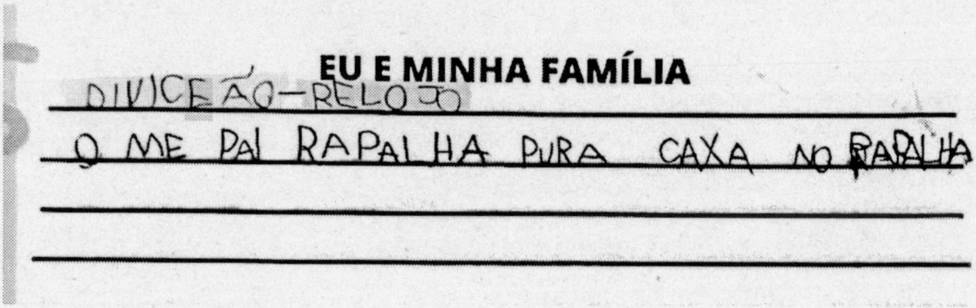

Fonte: dados da pesquisa

Ele mora com seus pais, uma irmã e uma prima em uma casa própria com até sete cômodos. A renda mensal da família é de apenas um salário-mínimo e a família tem um carro. Seus pais concluíram o ensino médio, seu pai é auxiliar de produção e sua mãe é artesã. A família não soube informar a escolarização dos avôs paternos, mas disse que do lado materno, tanto a avó como o avô iniciaram o ensino fundamental I, mas não o concluíram. Nos tempos livres, os pais de José assistiam televisão, escutavam músicas e visitam familiares e amigos. José assistia televisão e usava o celular. Os dados indicam uma situação familiar de bastante fragilidade econômica e pouca ampliação cultural, apesar dos pais terem o ensino médio completo.

Esther era uma das crianças que se encontrava na fase alfabética, mas com uma escrita bem concisa. Ela não descreveu sua família, apenas citou quem fazia parte dela. Além disso, apresentou algumas trocas ortográficas, como é possível perceber na imagem 2:

Figura 2 – Tentativa de escrita de Esther

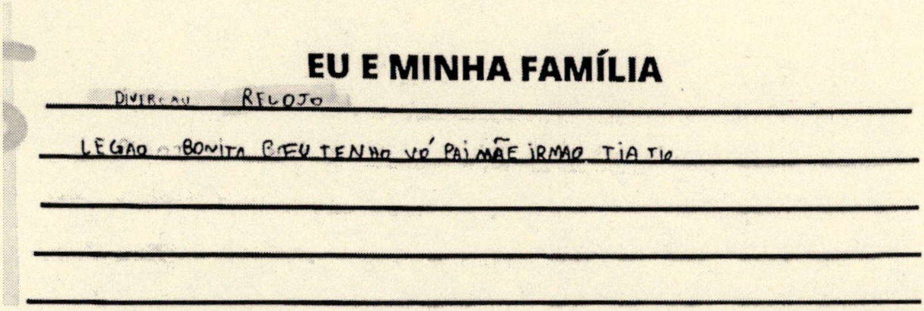

Fonte: dados da pesquisa

Esther morava com seus pais em uma casa própria com até cinco cômodos, a renda mensal da família era de até dois salários-mínimos e eles tinham um carro. Seu pai era policial militar e tinha ensino superior completo. Sua mãe era dona de casa e tinha ensino médio. A família não soube informar a escolarização dos avôs, mas afirmou que a avó paterna concluiu o ensino fundamental e a avó materna chegou a estudar no ensino fundamental II, mas não o concluiu.

Em relação às atividades de lazer, o pai afirmou que assistia programas de televisão, lia livros, ia ao cinema, a bosques e/ou parques, visitava familiares e/ou amigos/as e ficava em casa. A mãe fazia as mesmas coisas, com exceção da leitura, e disse que também costumava frequentar shoppings centers. As atividades de lazer de Esther eram brincar com celular e outras brincadeiras livres (bola, boneca, casinha, pipa, pega-pega, entre outras). Além disso, Esther ajudava nas tarefas domésticas (arrumava seu quarto e guardava as louças). Os dados indicam, portanto, uma condição financeira ligeiramente superior à da família de José e alguns hábitos culturais mais próximos daquilo que a escola valoriza.

Bento era a criança com maior desenvoltura na escrita na turma pesquisada. Ele descreveu sua família, o horário que a irmã ia para a escola, os trabalhos da mãe e do pai. Fez uso de conjunções (mas, então), da letra maiúscula, da vírgula e do ponto final.

Figura 3 – Produção textual de Bento

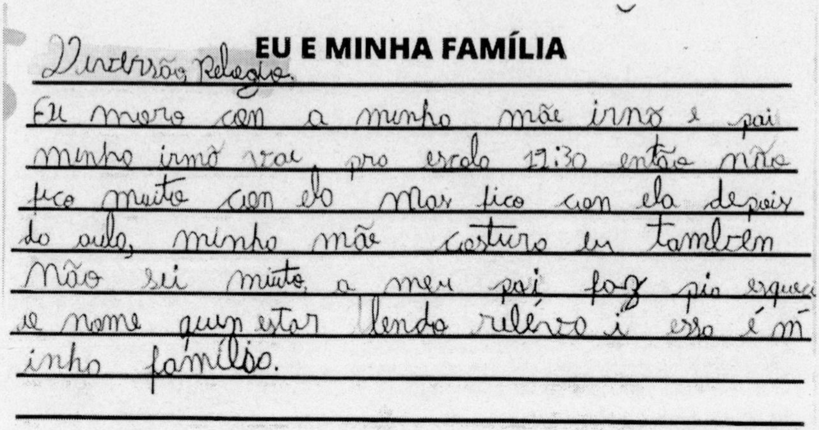

Fonte: dados da pesquisa

A situação econômica da família de Bento era muito próxima à da família de Esther. Ele mora com os pais e uma irmã em uma casa cedida com sete cômodos, a renda familiar também era de dois salários-mínimos e eles também tinham um carro. Assim como a mãe de Esther, a mãe de Bento era dona de casa e concluiu o ensino médio, e o pai não concluiu o ensino fundamental II. Sua profissão era marmorista. Todos os avós não chegaram a concluir os anos iniciais do ensino fundamental. Em relação aos hábitos culturais e de lazer, os pais afirmaram que Bento assistia canais pagos na televisão, lia, ajudava nos afazeres domésticos, jogava videogame e usava o celular. Os pais assistiam televisão, ouviam música, frequentavam cinema, bosques, parques e visitavam familiares. A mãe também indicou que ia a museus.

As condições econômicas e de lazer das famílias de Esther e Bento eram muito próximas, mas a escolarização da família de Esther era ligeiramente superior à da família de Bento e de José. Esses dados, por si só, não explicam as diferenças no desempenho da escrita dessas crianças. Por isso foram realizadas entrevistas com essas três famílias a fim de verificar estratégias familiares para a mediação das APNPs durante o isolamento social que pudessem contribuir para elucidar tais diferenças.

3.4 ESTRATÉGIAS FAMILIARES DURANTE E APÓS A PANDEMIA

José apresentou o nível silábico ao final de 2021 na ADE, o que quer dizer que teve pouca evolução durante os dois anos de alfabetização remota. Já no final de 2022, alcançou o nível silábico-alfabético, apresentando, assim, um pequeno avanço após o retorno presencial das atividades escolares.

A entrevista com a família de José permitiu uma compreensão sobre as dificuldades enfrentadas para realização das APNPs. A mãe, com três filhos, ficou viúva muito cedo, passando por diversas dificuldades econômicas e sociais. Alguns anos depois conheceu seu novo companheiro e dessa união nasceu José, seu quarto filho, vinte anos mais novo do que o último filho do primeiro casamento. Diante da grande diferença de idade, José era visto por todos como o "neném" da casa.

Para sustento da família, o pai e a mãe trabalhavam enquanto a criança ficava com os avós. Com três anos foi para uma escola particular, mas de acordo com a mãe não era uma boa escola e ele chorava muito, nunca se adaptou, e por isso deixou de frequentá-la. Após um ano eles conseguiram uma vaga em uma creche pública próxima à residência deles e lá José ficou muito bem. Durante dois anos na educação infantil ele não teve dificuldades, e em 2020 foi matriculado no 1º ano do ensino fundamental, mesmo ano da pandemia e da necessidade de isolamento social.

Nesse período, a mãe de José havia feito empréstimo para investimento em um negócio próprio, abriu uma loja de utilidades e ateliê de costura na casa para melhorar a renda. Contudo com a pandemia o negócio não prosperou, pois a loja não teve giro de vendas. A única renda da família naquele momento provinha da venda máscaras de proteção contra Covid-19 costuradas por ela.

Outras situações também ocorreram (o falecimento do avô que cuidava de José e de seu filho mais velho e o nascimento de um neto) que não permitiram à família apoiar com qualidade a realização das atividades escolares de José. A mãe não tinha tempo e o pai relatou não ter paciência com as atividades escolares, assim José preenchia o tempo com televisão e brincadeiras com carrinhos.

Quando indagado se José teria outros afazeres, como livros de literatura, jogos pedagógicos ou alguma rotina diferenciada de passeios, igreja, atividades culturais e outros, a família respondeu que ele não tinha interesse em livros e jogos e quanto a rotinas pretendiam inserir essas atividades em família. Nesse sentido, é evidente que a falta de capital cultural aliado às demais dificuldades da família influenciou de maneira negativa o processo de alfabetização e aprendizagem de José.

Esther era uma criança que também apresentou baixo desempenho no período em que esteve realizando em casa as APNPs, pois na avaliação realizada em 2021 foi classificada no nível pré-silábico, ou seja, ainda não estava alfabetizada após dois anos de atividades pedagógicas remotas, embora tivesse concluído as APNPs durante a pandemia. Já na análise da atividade de escrita no final de 2022, ela estava alfabética, portanto passou pelo crescimento de três níveis de escrita em menos de um ano com a mediação das professoras e o retorno das atividades presencias. É interessante destacar, portanto, que em 2021 Esther apresentou um desempenho inferior ao de José, mas em 2022 teve um avanço significativo.

A entrevista com a família de Esther ocorreu na escola, depois de várias tentativas de agendamento na casa da criança, e estavam presentes o pai e a mãe. Os pais demonstraram interesse no futuro da filha e preocupação com a aprendizagem. Elogiaram a escola e ressaltaram a compreensão de que a filha precisava estudar para ter um bom futuro. E pensando nos filhos, a opção da família foi a mãe não trabalhar fora de casa para cuidar da rotina das crianças. Contudo a mãe de Esther relatou não ter muito "jeito" para ajudar com as atividades escolares e afirmou que normalmente o pai tinha mais facilidade, porém, devido ao trabalho por escala dele, nem sempre estava presente, ficando o acompanhamento a cargo da mãe.

Quando indagado sobre a rotina em família, o pai comentou que quando possível gostava muito de passear, realizar atividades culturais e esportivas. Destacou que gostava de ler e que tinha muitos livros de literatura e ficção em casa. Para as crianças, realizava assinatura de livros infantis. Nessas atividades, Esther era sua companheira, pois a esposa preferia permanecer em casa, visto que o filho mais novo era muito agitado e quando saíam ela acabava se desgastando muito nos cuidados com ele. Por isso a mãe afirmou que preferia fazer caminhadas e assistir televisão e ressaltou que *"ler só no celular!"*.

Sobre a rotina diária da criança, a mãe afirmou que Esther acordava tarde, *"umas 10 horas da manhã"*, assistia televisão e brincava um pouco no celular, e a tarde ia para a escola. No período da pandemia a rotina não era fixa e a mãe disse que a filha não tinha muito interesse nos blocos de atividades escolares, e o que mais prendia sua atenção era o celular. O pai destacou que a filha era muito boa em Matemática e falou com certo orgulho que estava pesquisando um bom colégio estadual para a filha cursar quando saísse da escola municipal.

Embora a família apresentasse preocupação e interesse com o desempenho escolar da filha, era perceptível que a indisponibilidade do pai, que tinha maior capital cultural institucionalizado, fez falta no progresso de alfabetização da filha.

Como já visto neste texto, Bento foi a criança que apresentou melhor desempenho. Vale destacar que já no final de 2021, na ADE, Bento havia atingido o nível alfabético. Em 2022, ele manteve-se no nível, mas sua escrita ganhou mais desenvoltura, permanecendo ainda apenas poucas trocas ortográficas. Ou seja, houve avanços significativos, pois ele estava muito próximo de atingir o nível ortográfico. A mediação de sua aprendizagem durante o isolamento social deu-se em grande parte por sua mãe, que dedicava a maior parte do tempo para cuidar dos filhos, e pela irmã mais velha, com 13 anos, que sempre apoiava a mãe junto ao irmão.

A conversa ocorreu em uma tarde de março de 2023. Na hora marcada, Andréia, mãe de Bento, estava no portão aguardando a visita. Embora as outras entrevistas tenham sido agradáveis, a mãe de Bento foi mais acolhedora, o espaço para a conversa foi organizado na cozinha da casa, onde a mesa estava posta com um café. Ela demonstrou muita disponibilidade para participar da entrevista e relatou compreensão sobre a necessidade da pesquisa para melhorias no processo de ensino.

Andréia destacou que teve uma vida muito simples, mas foi incentivada por sua mãe a estudar e recebia os cuidados necessários para isso. Com base na criação que teve, decidiu fazer o mesmo com os filhos. Ressaltou que seu esposo não teve a mesma oportunidade. Quando jovem, precisou morar na rua e não conseguiu concluir os estudos. Mas enquanto casal, entendiam que o cuidado e o incentivo escolar eram o melhor que podiam dar aos filhos para um bom futuro. Sua rotina era levar a filha mais velha para a escola no início da manhã, cuidar da casa, do almoço e de Bento, e à tarde levá-lo para escola e ficar com a filha. Como tinha algum tempo disponível, estava sempre na escola, colaborando em festas e passeios.

Sobre a rotina diária, comentou que as crianças já a haviam internalizado, ela apenas acompanhava, até mesmo porque a filha mais velha conseguia ajudar melhor o irmão em suas atividades escolares. Eles tinham horário para acordar, para realizar atividades da escola e para brincar. O uso da televisão e do celular acontecia com tempo determinado e programação específica, escolhida pelos pais. Essa rotina já ocorria durante a pandemia.

Em casa eles não tinham muitos livros e nem jogos pedagógicos, apenas quando levavam da escola, mas realizavam diariamente leituras bíblicas. A família tinha ações frequentes junto à igreja, bem como atividades semanais. Bento participava da escola bíblica desde pequeno e, segundo a mãe, gostava muito.

Sobre as demais rotinas, comentou que ela e o esposo entendiam que precisavam estar em família, então sempre buscavam fazer alguma atividade cultural, um passeio e comer fora de casa, assim como as atividades frequentes da igreja. Ela também disse que durante a pandemia foi mais difícil, pois como o esposo era autônomo, com o isolamento social ele perdeu alguns trabalhos e a dificuldade financeira foi intensificada. Nesse período, ela passou a costurar máscaras de proteção contra a Covid-19, assim como a mãe de José, para ajudar nas despesas, mas que tentavam não envolver as crianças nisso e deixá-las ocupar seu tempo com afazeres de criança (brincadeiras e atividades escolares).

Percebe-se, dessa forma, que as diferentes dinâmicas familiares interferiram no desempenho escolar das crianças, ou seja, as famílias criaram estratégias, de forma bastante consciente, para, de certo modo, compensar a falta de capital cultural institucionalizado dos pais e favorecer o aprendizado de seus filhos, o que será aprofundado no item a seguir.

CONSIDERAÇÕES FINAIS E AS "CONDIÇÕES DA HERANÇA"

As crianças aqui apresentadas são oriundas de uma mesma condição econômica e passaram por processos escolares similares durante o isolamento social e no ano seguinte. Ao final do terceiro ano tinham fragilidades na escrita, mas havia diferenças entre essas escritas. No entanto apenas índices mais objetivos, como escolarização dos pais e avós e indicação de hábitos culturais e de lazer não foram suficientes para explicar a relação entre herança cultural e desempenho escrito. As entrevistas, entretanto, trouxeram elementos importantes a respeito da organização familiar e das estratégias familiares que possibilitam as "condições da herança", mesmo em famílias de privação cultural.

Nesse sentido, alguns destaques precisam ser feitos: Bento, a criança com maior desenvoltura na escrita, já chegou no início dos anos iniciais com um bom conhecimento sobre o processo de escrita. Seus pais, no entanto, não tinham escolarização longa e não havia muitos livros e brinquedos pedagógicos à sua disposição em casa. Mas o contato com a escrita ocorria diariamente a partir da leitura da Bíblia e era reforçado nas atividades que frequentava na igreja. Além disso, a família optou pela permanência da mãe em casa para poder acompanhar os filhos com maior atenção.

Outro destaque é a presença da irmã, que também ajudava Bento nas atividades escolares. Na resolução das APNPs, quando a mãe não sabia como contribuir, a irmã colaborava. Ressaltamos, por fim, a existência de uma rotina voltada para as atividades escolares, com tempo previsto para as tarefas de casa, já internalizadas pelos filhos.

Esther apresentava dificuldades no período das atividades remotas, mas teve um avanço significativo com o retorno presencial. Apesar de seu pai ter o maior nível de escolarização entre todos os pais (nível superior), esse fato não impactou o desempenho de Esther, pois era a mãe quem a acompanhava na maior parte do tempo, em função dos horários de trabalho do pai. A mãe de Esther tinha o ensino médio, assim como a mãe de Bento, mas relatou maior dificuldade em compreender as atividades escolares da filha. Por outro lado, o contato com livros e brinquedos pedagógicos em casa pode ter tido efeito em seu aprendizado. Porém o destaque maior, no caso de Esther, era o papel da mediação da escola, pois ficou evidente que seu maior avanço ocorreu após o retorno das atividades presenciais. Ou seja, a escola fez diferença no aprendizado de Esther.

Nos dois casos citados, as estratégias familiares parecem compensar a falta de capital cultural institucionalizado dos pais. As duas famílias reconheciam que é pela escolarização que seus filhos terão alguma chance de ascensão social e, por isso, valorizavam o trabalho realizado pela escola e esforçavam-se para que seus filhos tivessem bom rendimento. Ainda que não houvesse uma herança, propriamente dita, nos moldes apresentados por Bourdieu e Passeron[56] em *Os herdeiros*, consideramos que são estratégias que possibilitam condições para que as crianças tenham bom desempenho escolar.

Nesse sentido, a "transmissão da herança" não ocorre de forma tão dissimulada e inconsciente como inicialmente apontado por Bourdieu,[57] há uma intenção bastante explícita e consciente por

[56] BOURDIEU, P.; PASSERON, JC. *Os herdeiros*: os estudantes e a cultura. Florianópolis: Editora da Universidade Federal de Santa Catarina, 2014.

[57] BOURDIEU, 2001, p. 39-64.

parte das famílias, o que corrobora as indicações de Nogueira e Resende.[58] Nos dois casos, o contato com textos escritos em casa na relação com o trabalho pedagógico da escola pareceu favorecer o processo de alfabetização das crianças.

José, por outro lado, apresentou dificuldades no acompanhamento das APNPs, o que permaneceu após o retorno presencial. Ele, portanto, é o perfil mais desafiador de crianças que passam pelas escolas. É urgente que as condições familiares, econômicas e culturais dessas crianças sejam mais bem compreendidas e que as escolas construam práticas pedagógicas que façam com que elas também avancem na direção de uma escola mais justa e equânime.[59]

REFERÊNCIAS

ALMEIDA, A.M.F. A noção de capital cultural é útil para se pensar o Brasil? *In*: ZAGO, Nadir; PAIXÃO, Lea (org.). *Sociologia da educação brasileira*: pesquisa e realidade brasileira. Petrópolis: Vozes, 2007. p. 44-59.

BENTO, A.; GAYA, T.; FRANCESCHINI, A. Gestão de uma rede municipal de ensino em tempos de pandemia: ações pautadas nos princípios do direito à educação. *In*: ROBALLO, R. (org.). *Nenhum a menos na escola*: práticas educativas no cotidiano escolar – antes, durante e pós-pandemia. Curitiba: CRV, 2021. p. 91-105.

BENTO, A.; PACHECO, T. Gestão democrática e participativa: ações colaborativas em prol do acesso, permanência e direitos de aprendizagem durante a pandemia causada pela COVID-19. *In*: SEMED Pinhais (org.). *Vivências pedagógicas da RME de Pinhais*: desafios e superações no contexto da pandemia. Curitiba: Editora da Universidade Tecnológica Federal do Paraná, 2022. p. 77-86.

BOURDIEU, P.; PASSERON, JC. *Os herdeiros*: os estudantes e a cultura. Florianópolis: Editora da Universidade Federal de Santa Catarina, 2014.

[58] NOGUEIRA; RESENDE, 2022.

[59] DUBET, F. O que é uma escola justa? *Cadernos de Pesquisa* [on-line], São Paulo, v. 34, n. 123, p. 539-555, set./dez. 2004. Disponível em: https://www.scielo.br/j/cp/a/jLBWTVHsRGSNm78HxCWdHRQ/?format=pdf. Acesso em: 21 jul. 2022.

BOURDIEU, P. Os três estados do capital cultural. *In*: NOGUEIRA, Maria Alice; CATANI, Afrânio (org.). *Escritos de educação*. Petrópolis: Vozes, 2001a. p. 73-79.

BOURDIEU, P. A escola conservadora: as desigualdades frente à escola e à cultura. *In*: NOGUEIRA, Maria Alice; CATANI, Afrânio (org.). *Escritos de educação*. Petrópolis: Vozes, 2001b. p. 39-64.

DRAELANTS, H.; BALLATORE, M. Capital cultural e reprodução escolar: um balanço crítico. *Educação e Pesquisa*, São Paulo, n. 47, e470100302trad, 2021. Disponível em: https://doi.org/10.1590/S1517-97022021470100302. Acesso em: 7 abr. 2023.

DUBET, F. O que é uma escola justa? *Cadernos de Pesquisa* [on-line], São Paulo, v. 34, n. 123, p. 539-555, set./dez. 2004. Disponível em: https://www.*Scielo*.br/j/cp/a/jLBWTVHsRGSNm78HxCWdHRQ/?format=pdf. Acesso em: 21 jul. 2022.

FERREIRO, E. *Reflexões sobre a alfabetização*. São Paulo: Cortez, 1995.

NOGUEIRA, M. A. Capital cultural. *In*: CATANI, Afrânio Mendes *et al.* (org.). *Vocabulário Bourdieu*. Belo Horizonte: Autêntica, 2017. p. 103-106.

NOGEIRA, M.A; RESENDE, T. F. Com e para além de Bourdieu: revisitando duas teses centrais. *Educação e & Sociedade*, Campinas, v. 43, p. e268712, 2022. Disponível em: https://doi.org/10.1590/ES.268712. Acesso em: 10 out. 2023.

4

TECNOLOGIAS DIGITAIS E RELAÇÕES ESCOLARES: INCORPORAÇÃO E TENSÃO

Alda Junqueira Marin
Ana Paula Ferreira da Silva
Sandra Maria Sanches

A ocorrência da pandemia da Covid-19 abalou verdades consolidadas nas esferas da vida, emergindo um aforismo marxista de que tudo o que é sólido desmancha-se no ar. De um dia para outro, o mundo viu-se diante do grande desafio de reinventar formas de viver para preservar a própria vida e a do outro.

Nesse ensaio, algo que já ocupava espaço na vida cotidiana, o mundo virtual, personificou-se como a salvação da vida e das relações sociais.

No contexto contemporâneo, as tecnologias compõem a vida e interferem nos meios de aquisição de conhecimento e narrativas como fatores de inovação, apesar das inúmeras fragilidades quanto à constituição do tecido social.

A tessitura dos objetos tecnológicos na vida das pessoas em todas as suas atividades já estava em curso vertiginoso nas relações internas e externas à escola. Ao mesmo tempo que diminui distâncias e tempo, aumenta o distanciamento entre aqueles que não dominam ou não têm acesso a essas ferramentas.

Em relação à função primordial da escola de difundir conhecimento historicamente produzido, essa problemática revela-se e incide diretamente no processo de ensino e aprendizagem.

Como bem destaca Gimeno Sacristán:[60]

---

[60] SACRISTÁN, J. G. *A educação e os meios de comunicação*: quem serve a quem? Portugal: Edições Pedagogo, 2007. p. 19.

> [...] os âmbitos de aplicação das TIC são tão extensos e estão a tornar-se populares a uma tal rapidez, que estamos começando a delinear o problema da sua incidência na educação e de como aproveitá-las, quando de facto já alteraram a vida quotidiana, a vida familiar, os hábitos de todos, a percepção do mundo, as formas de aprender, o tempo livre, etc. As TIC já nos estão a educar, porque modificam o nosso estilo de vida: as formas de trabalhar, as relações com os outros, assim como as referências para a nossa identidade.

A partir dessa circunstância, o Grupo de Pesquisa Docência em suas Múltiplas Dimensões[61] organizou um estudo amplo sobre a relação entre as tecnologias e as formas de aquisição de conhecimento. A instituição escolar foi eleita como espaço social deste estudo, investigando aspectos relacionados à gestão, aos professores, aos alunos e às famílias.

O aporte teórico para esse estudo abarca pesquisadores que se propuseram a aprofundar dialeticamente as relações sociais e seus produtos.

Dessa forma, a espinha dorsal teórica fica representada pelo conceito de cultura que tomamos de Raymond Williams[62] como "sistema de significações". Para o autor, a sociologia da cultura é a área de conhecimento que se dedica ao "estudo das situações e das condições das práticas" para investigações das relações considerando a complexidade do termo cultura, como possibilidade de superação do "relativismo sociológico" sem abstrair a inter-relação entre as variáveis das práticas. O autor afirma a necessidade de

> [...] observar em detalhe os modos pelos quais processos biológicos constantes e meios de produção relativamente variáveis têm-se associado entre si de modos especificamente comparáveis e especificamente variáveis, sempre dentro de situações sociais (histórico-sociais) determinadas.[63]

---

[61] Grupo certificado pelo CNPq, vinculado ao PPG da PUC/SP: Educação: História, Política, Sociedade, sob a coordenação das Professoras Doutoras Alda Junqueira Marin e Luciana Maria Giovanni.

[62] WILLIAMS, R. *Cultura*. Tradução de Lólio L. Oliveira. 2. ed. São Paulo: Paz e Terra, 1992.

[63] WILLIAMS, 1992, p. 22.

Outro autor eleito para compor esse corpo teórico a partir de análises críticas da sociedade foi Marcuse.[64] Analisando a sociedade industrial desenvolvida em sua obra intitulada *A ideologia da sociedade industrial: o homem unidimensional*, ele afirma que o aparato técnico de produção e distribuição funciona como "um sistema que determina, *a priori*, tanto o produto do aparato como as operações de sua manutenção e ampliação" e não apenas como "a soma total de meros instrumentos que possam ser isolados de seus efeitos sociais e políticos".[65] Para o autor, a tecnologia impõe-se como tendência totalitária que serve para instituir novas formas de controle e coesão social.

Esse autor enfatiza a diferença conceitual entre técnica e tecnologia. Para ele, tecnologia não se trata apenas dos objetos virtuais ou tecnológicos, diz respeito também ao conhecimento deliberadamente aplicado. Nesses termos é preciso admitir que a tecnologia é produto de aplicabilidade ou de materialidade para atingir algo pensado antes; uma necessidade imposta pelas relações de produção material ou imaterial, enquanto a técnica é um instrumento com potencial de proporcionar liberdade para o ser humano e que só perde essa potência de desenvolvimento do indivíduo quando está a serviço do processo de controle social e produção de escassez.

Na tentativa de articular esse aporte teórico, buscamos em Lévy,[66] na obra intitulada *Cibercultura*, entender esse universo. O autor parte da premissa de que a relação entre homem e tecnologia é um processo social e propõe pensar a cibercultura como o conjunto de técnicas materiais e intelectuais, de práticas, de atitudes, de modo de pensamento e de valores que se desenvolvem junto ao crescimento do ciberespaço.

A cibercultura expressa "o surgimento de um novo universal, diferente das formas culturais que vieram antes dele no sentido de que ele se constrói sobre a indeterminação de um sentido global qualquer",[67] provocando a mutação da comunicação.

---

[64] MARCUSE, H. *Tecnologia, guerra e fascismo*. São Paulo: Editora da Universidade Estadual Paulista, 1979.

[65] MARCUSE, 1979, p. 18.

[66] LEVY, P. *Cibercultura*. São Paulo: Editora 34, 1999.

[67] LEVY, 1999, p. 15.

A considerar que o processo educacional constitui forma de reprodução cultural que se vincula à reprodução das relações sociais em vigor,[68] a tecnologia virtual torna-se uma ferramenta privilegiada e um objeto específico de pesquisa para compreender as relações entre os indivíduos e o conhecimento. A tecnologia pode ser tomada, então, como uma inovação por suas mudanças reais, em ritmo vertiginoso, nas práticas sociais, em nível global.

Não podemos negar o fato de que a tecnologia virtual possibilitou certa continuidade das relações sociais e escolares no período de isolamento social ao mesmo tempo que evidenciou grandes dificuldades e desigualdades.

O presente texto debruça-se sobre um dos segmentos constitutivos das relações escolares: os estudantes e as experiências vivenciadas durante o período de aulas remotas, decorrentes do isolamento social necessário para a contenção da pandemia da Covid-19, vivenciada mundialmente a partir de março de 2020, e propõe-se a compreender os limites bem como o lugar e a qualificação do conhecimento compartilhado (ou não) com a utilização dos objetos tecnológicos virtuais.

O mapeamento realizado na base *Scielo* acerca das publicações decorrentes do ensino remoto emergencial que tratam especificamente sobre os alunos, possibilita a análise em duas vertentes. Uma abarca as perspectivas da saúde mental, o engajamento nas aprendizagens e o incentivo por meio de recursos digitais. Outra avalia o acesso desses alunos às alternativas digitais disponíveis e o alcance do aprendizado.

As pesquisas que versam sobre saúde mental dos alunos[69] [70] abordaram tanto as alterações que os jovens sentiram em relação à saúde mental quanto o papel do psicólogo escolar como apoio institucional aos discentes. Ainda na intersecção do campo da saúde,

---

68 WILLIAMS, 1992.

69 CARDOSO-JÚNIOR, A.; FARIA, R. M. D. Psychometric assessment of the Instructional Materials Motivation Survey (IMMS) instrument in a remote learning environment. *Revista Brasileira de Educação Médica*, Brasília, v. 45, n. 4, p. e197, 2021.

70 VAZQUEZ, D. A. *et.al.* Vida sem escola e saúde mental dos estudantes de escolas públicas na pandemia de Covid-19. *Saúde Debate*, Rio de Janeiro, n. 46, v. 133, p. 304-317, abr./jun. 2022.

Gonçalves e Ferreira[71] tratam das práticas educacionais inclusivas que permeiam a cibercultura para alunos com Transtorno do Déficit de Atenção com Hiperatividade.

Em *Reflexões sobre o engajamento de estudantes no ensino remoto emergencial*, Espinosa[72] indica que dada a "novidade" das aulas nesse estilo de ensino,

> [...] é importante mapear as causas, ou, pelo menos, providenciar ao leitor descrições do contexto, do(s) método(s) de ensino adotado e das atividades que sejam suficientes para a formulação de hipóteses que os relacionem com os níveis (e dimensões) de engajamento identificado.[73]

Outros trabalhos[74 75 76 77] avaliam a implementação das aulas remotas na educação básica e no ensino superior abordando o acesso dos estudantes às alternativas digitais, bem como o alcance ao aprendizado. Entre os achados destaca-se a precariedade do acesso dos estudantes às aulas remotas, a dificuldade de diagnóstico das fases do desenvolvimento como um grande problema para a continuidade do processo de alfabetização, e mesmo nas situações ocorridas no ensino superior, em que houve boa interatividade com a utilização dos recursos digitais, o desempenho ao final do curso ficou aquém das turmas anteriores que realizaram as disciplinas de

---

[71] ESPINOSA, T. Reflexões sobre o engajamento de estudantes no ensino remoto emergencial. *Perspectivas*, Belo Horizonte, n. 23, p. e35439, 2021.

[72] ESPINOSA, 2021.

[73] ESPINOSA, 2021, p. 10

[74] LIMA, C. C.; RAMOS, M. E. N.; OLIVEIRA, A. L. R. Implementação de uma política educacional no contexto da pandemia de COVID-19: o REANP em Minas Gerais. *Educar em Revista*, Curitiba, v. 38, e78237, 2022.

[75] FONSECA, J. R.; TEIXEIRA, L. R.; CARMONA, D. A. O socioconstrutivismo, a literacia e o trabalho com TICs durante a pandemia de Coronavírus em 2020. *Texto Livre*, Belo Horizonte, n. 14, v. 2, p. 1-10, 2021.

[76] MACEDO, R. M. Direito ou privilégio? Desigualdades digitais, pandemia e os desafios de uma escola pública. *Estudos Históricos*, Rio de Janeiro, Centro de Pesquisa e Documentação de História Contemporânea do Brasil da Fundação Getúlio Vargas, n. 34, v. 73, p. 262-280, maio/ago. 2021.

[77] SANTOS, E. M. O ensino remoto emergencial e o uso de recursos digitais em aulas de Língua Inglesa. *Ilha Desterro*, Florianópolis, v. 74, n. 3, p. 145-160, set./out. 2021.

modo presencial. Esses resultados reforçam o aprofundamento das desigualdades sociais existentes na população.

Tais constatações demonstram que a expectativa de democratização do conhecimento e as relações sociais que Levy[78] analisou décadas antes não se efetivaram. Ao contrário, a pandemia demonstrou que a desigualdade efetiva-se tanto pelas condições (ou ausência) de conectividade e das condições socioeconômicas quanto pelas frágeis políticas educacionais.

4.1 CAMINHO METODOLÓGICO

A coleta de dados[79] foi desenvolvida junto a estudantes do 5º ano do ensino fundamental, em escolas da rede pública municipal de São Paulo, que contam com laboratório de informática e a garantia de uma aula semanal para esses alunos.

Cabe notar que o reconhecimento da cibercultura como espaço que se impõe na interlocução com o processo educativo estava anunciado na Secretaria Municipal de Educação, na cidade de São Paulo, por meio da proposição de introduzir os objetos tecnológicos antes da pandemia sob a justificativa de qualificação do processo educativo.[80]

Os dados foram extraídos de duas situações, a saber. Um primeiro momento, 74 estudantes responderam um questionário com perguntas adequadas à faixa etária, com opções de respostas em formato de *emojis*, com uma questão aberta, bem como poderiam pedir auxílio para a família ou ao(à) professor(a) de informática. No segundo momento foram realizados encontros presenciais para bate-papos com cerca de 10 estudantes por grupo, em que eles

---

[78] LEVY, Pierre. *Cibercultura*. São Paulo: Editora 34, 1999.

[79] Os procedimentos de coleta foram aprovados pelo Comitê de Ética em Pesquisa, via Plataforma Brasil.

[80] Em 15/10/2019, o então prefeito da cidade de São Paulo, Bruno Covas, anunciou a criação do Programa Escola Digital, em parceria com a Unesco e a Fundação Lemann, com o compromisso de "[...] equipar as 12 mil salas de aula do município com atualizações tecnológicas no ambiente escolar. Ao todo, serão investidos R$90 milhões na compra de pelo menos um computador para cada sala de aula, internet de banda larga, projetores com tela e caixas de som" (SÃO PAULO, 2019).

puderam falar sobre as experiências vivenciadas durante as aulas remotas. Esses encontros foram realizados na presença da professora de Matemática da referida escola.

4.2 EXPLORAÇÃO DOS DADOS OBTIDOS

No questionário, uma quantidade expressiva de estudantes posicionou-se com "*gostei das aulas remotas*" ao mesmo tempo que apontavam "*não aprendi nada*". Dessa constatação emerge um questionamento sobre o que gostaram ou como veem a escola.

Assim, no diálogo presencial com esses estudantes pudemos perguntar "o que gostaram?". As respostas tiveram um conteúdo muito parecido; escolhemos algumas respostas para ilustrar as afirmações:

> *Gostei pelo simples motivo de não ter que ir para a escola. Você 'poder' ficar em casa.*
>
> *Não é que eu não gosto [da escola]. O remoto era muito melhor. Tipo assim: você já recebia a atividade pronta, não precisava ficar copiando. Na escola, o professor ficava falando "Copia o texto. Copia o texto". Tipo assim. O bom disso é que você não precisava copiar a questão, você só precisava mandar a resposta no caso. Isso era a melhor.*
>
> *Foi legal porque eu conheci outras pessoas de outros países pelo aplicativo, pelo celular da minha mãe. Foi isso que foi legal. Ah, eu conversava pelo Google tradutor. Quando eles mandavam mensagem, eu não sabia. Eu ia lá e colocava na língua deles, entendeu?*

É possível depreender dessas respostas que a forma escolar não oferece atrativos e concorre em desigualdade com a rapidez e as incontáveis possibilidades das ferramentas do mundo virtual. Barreiras de linguagem e geográficas foram superadas rapidamente acessando ferramentas como o Google.

A utilização de materiais para aprendizagem ou a produção de software para a educação ainda são pequenas. A maioria das webs existentes não tem – nem se pretendeu que tivesse –, finalidades educativas, mas as coisas estão mudando, as transformações estão ocorrendo e tornam-se desafiadoras nas atuais circunstâncias. A cultura das novas tecnologias virtuais está enraizando mais fora do que dentro do sistema educativo formal. Isso é preocupante tendo em vista o papel que o sistema educativo exerce na configuração do futuro mais distante.[81]

Outro ponto importante é que as dificuldades de aprendizado não são destacadas pelos estudantes, pois podem ser facilmente eliminadas com uma simples consulta ao espaço virtual, e eles nomeiam esse subterfúgio como "roubo". Notem a resposta de um dos estudantes que não gostou das aulas remotas:

> *Não foi legal porque as pessoas aprenderam a roubar no Google. Eu não aprendi quase nada. A professora falava "Faz* a lição*", mas as pessoas não sabiam. Aí o que as pessoas faziam? Iam* lá no Google, *copiavam e colocavam* lá na lição. Isso aí é muito injusto porque as pessoas acabam roubando. Então essa foi a pior parte da pandemia.

Os problemas evidenciados na pandemia não são novos nem apareceram naquele momento. O enfrentamento a eles foi sempre por meio de uma organização administrativo-pedagógica enrijecida e inabalável da forma escolar que, com a pandemia, mostrou-se profundamente afetada e transformada pelo deslocamento espacial do ensino para a casa dos alunos, com horários flexíveis, diferentes agrupamentos e alteração das matrizes curriculares.[82] A organização escolar foi afetada em suas tradicionais estratégias de comunicação.

Em contrapartida, outras respostas dos estudantes evidenciam como o espaço escolar, no que se refere às relações com outros estudantes e aos momentos de brincadeiras, são importantes, como é o caso de um aluno, que afirmou "*[O que é uma atividade legal?] É o que a gente faz na escola. Tudo. É tudo. A lição, as brincadeiras, os jogos que faz na sala*".

A suspensão das aulas devido à pandemia da Covid-19 provocou mudanças abruptas na configuração da forma escolar, sem

---

[81] SACRISTÁN, 2007.

[82] FERNÁNDEZ ENGUITA, M. *El virus, ese gran inovador*, Madrid, n. 512, set. 2020. Disponível em: https://blog.enguita.info/2020/10/el-virus-ese-gran-innovador.html. Acesso em: 2 mar. 2020.

a possibilidade de reflexões profundas em busca de acertos, que, aliado à falta de correspondência entre a transmissão do conhecimento e os novos processos de comunicação social, escancararam dificuldades de toda ordem.

O cenário de incertezas e desigualdades é o calcanhar de Aquiles das escolas públicas, como pode ser observado nas considerações de Sampaio[83] ao afirmar que a escola realiza (ou realizava) o trabalho escolar respaldando-se na tradição, mantendo certo equilíbrio em sua atuação, protegendo sua cultura e sua tradição erigidas nas precariedades para o atendimento de números cada vez maiores de estudantes com realidade extremamente diversificada e muitas vezes desconhecida da instituição escolar.

A autora prossegue afirmando que o modelo curricular de ensino já apresentava defasagem no aprendizado, tendo em vista que não garantia o acesso ao conhecimento. Nas últimas décadas, a escola paulista manteve parâmetros organizadores de prática baseados em pré-requisitos ou programas das séries para nortear o trabalho docente "[...] fixando o modelo de transmissão coletiva, memorização e mecanização deixando de cuidar de reformulações nesse roteiro, que poderiam modificar a qualidade do ensino".[84] Para ela, a escola, a partir da precariedade em suas condições de atendimento, constitui seus modelos de currículo e ensino buscando algumas possibilidades dentro da escassez.

Nesse mesmo sentido, algumas respostas do questionário aplicado reiteraram a relevância dos espaços escolares para algo que parece menos importante quando são pensados e implementados, como os programas educacionais e a própria organização escolar: as relações que se estabelecem entre os estudantes com a escola e com as outras coisas que acontecem nesses espaços. Como ilustração dessa afirmação apresentamos algumas respostas dadas pelos

[83] SAMPAIO, M. M. F. (org.). *O cotidiano escolar face às políticas educacionais.* Araraquara: JM Editora, 2002.

[84] SAMPAIO, 2002, p. 10.

estudantes quando lhes foi solicitado que eles contassem como foi ter aula no modelo de ensino remoto:

> *Foi mais ou menos, pois não aprendi muito. E na escola eu também posso brincar com meus amigos e aprendo mais rápido.*
>
> *Foi difícil, senti falta de interagir com a professora e com os colegas.*
>
> *Foi bom, mas prefiro presencial.*

Oportuno aqui evocar novamente Gimeno Sacristán,[85] quando escreveu sobre a necessidade de resgatar a reflexão sobre a educação enquanto formação diante do imediatismo e do pragmatismo que se impõem socialmente e que adentra as unidades escolares por meio de projetos e avaliação de toda ordem. Ainda, ressalta a urgência de construção de espaços capazes de despertar afetos, simpatias e alteridade.

Os estudantes não são educados apenas por meio dos conteúdos presentes nas disciplinas das grades curriculares, mas também pelas experiências que incidem nos comportamentos e nas visões de mundo como efeito circundante na formação desses estudantes.

A pandemia apenas reiterou a ideia de que educação e escola, como bens públicos, são necessárias também para o nosso tempo, tendo em vista a busca de soluções por meio do ensino remoto. Com isso não se está dizendo que a escola precisa atender às demandas da economia capitalista, mas focar a formação do sujeito em sua plenitude. No entanto o dilema posto diz respeito à discussão do que seja necessário saber e fazer para que a escola se transforme e atue na formação de sujeitos autônomos e críticos. Essa ordem que impera na escola precisa ser subvertida.[86]

O acesso às informações de qualquer tipo é disponibilizado aos estudantes em espaços cada dia mais amplos, com oferta de

---

[85] GIMENO SACRISTÁN, 2007.

[86] NÓVOA, A. A pandemia de COVID-19 e o futuro da Educação. *Revista Com Censo*, Brasília, v. 7, n. 3, p. 8-12, ago. 2020.

linguagem adaptada a qualquer grupo etário com muita eficiência, bem como dirigido aos interesses de quem acessa. Disso decorre a necessária reflexão de que a escola é sempre desatualizada no sentido de oferecer informações.

Talvez a educação escolar possa considerar as saídas criativas diante de problemas emergentes encontradas pelos estudantes, bem como a consideração deles sobre a importância das relações com a escola, com os professores e com os colegas, na construção de possibilidades outras na política educacional e na organização escolar na subversão desse modelo escolar em busca de modelos mais ajustados às necessidades das novas gerações.

Dizendo de outra forma, os estudantes estão apontando a importância da escola tanto na esfera da socialização quanto na esfera dos objetos e ferramentas disponíveis para as experiências da vida. Como integrar isso de forma crítica para o desenvolvimento intelectual e social de crianças e adolescentes é um grande desafio colocado para a sociedade em geral.

CONSIDERAÇÕES FINAIS

A pandemia intensificou algumas facetas da organização escolar e das práticas pedagógicas, de modo que as pesquisas que se voltam para esse momento têm demonstrado aspectos antigos que se tornaram emergentes.

Historicamente a escola é estudada a partir dos documentos legais, das políticas educacionais, dos seus artefatos ou dos sujeitos que atuam na esfera profissional: professores, diretores, supervisores, coordenadores pedagógicos. No entanto empreender estudos com alunos continua sendo um caminho interessante para compreender os meandros dos processos pedagógicos.

Tanto em relação ao mapeamento das recentes publicações que colocaram como centro os estudantes e as decorrências da pandemia na educação – seja básica ou superior – quanto aos dados empíricos coletados com estudantes de 5º ano de uma escola pública municipal, notamos que há um bloco de análise que se volta para aspectos relacionados à sociabilidade e outro bloco que se refere à aprendizagem.

Como era de se esperar, a sociabilidade foi bastante afetada durante a pandemia, o que acentuou a preocupação escolar em relação à saúde mental das crianças e dos jovens, bem como ampliou as possibilidades de contatos virtuais, que extrapolam os limites de espaço geográfico. Os alunos da educação básica demonstraram sentir falta dos colegas e das rotinas de encontros com os grupos de pares, mas também descobriram outras possibilidades de comunicação.

Na mesma medida, viabilizar e ampliar o acesso a equipamentos eletrônicos e softwares variados gerou expectativas em relação à transformação dos processos de aprendizagem, que, no entanto, não se mostraram efetivos no que se refere à construção do conhecimento, seja pelo desempenho inferior ao esperado dos alunos do ensino superior, seja pela constatação do estudante que ficou indignado com os colegas que "roubavam no Google". Assim, há um discernimento claro sobre a precariedade na aquisição dos conhecimentos.

O presente estudo destaca que muitas pesquisas são necessárias para que possamos compreender as experiências escolares incorporadas às rotinas dos estudantes e os processos de desigualdades que se acentuaram a partir da compreensão de cultura segundo Williams.[87]

REFERÊNCIAS

CARDOSO-JÚNIOR, A.; FARIA, R. M. D. Psychometric assessment of the Instructional Materials Motivation Survey (IMMS) instrument in a remote learning environment. *Revista Brasileira de Educação Médica*, Brasília, v. 45, n. 4, p. e197, 2021.

FERNÁNDEZ ENGUITA, M. *El virus, ese gran inovador*, Madrid, n. 512, set. 2020. Disponível em: https://blog.enguita.info/2020/10/el-virus-e-se-gran-innovador.html. Acesso em: 2 mar. 2020.

[87] WILLIAMS, R. *Cultura*. Tradução de Lólio L. Oliveira. 2. ed. São Paulo: Paz e Terra, 1992.

ESPINOSA, T. Reflexões sobre o engajamento de estudantes no ensino remoto emergencial. *Perspectivas*, Belo Horizonte, n. 23, p. e35439, 2021.

FONSECA, J. R.; TEIXEIRA, L. R.; CARMONA, D. A. O socioconstrutivismo, a literacia e o trabalho com TICs durante a pandemia de Coronavírus em 2020. *Texto Livre*, Belo Horizonte, n. 14, v. 2, p. 1-10, 2021.

LEVY, P. *Cibercultura*. São Paulo: Editora 34, 1999.

LIMA, C. C.; RAMOS, M. E. N.; OLIVEIRA, A. L. R. Implementação de uma política educacional no contexto da pandemia de COVID-19: o REANP em Minas Gerais. *Educar em* Revista, Curitiba, v. 38, e78237, 2022.

MACEDO, R. M. Direito ou privilégio? Desigualdades digitais, pandemia e os desafios de uma escola pública. *Estudos Históricos*, Rio de Janeiro, Centro de Pesquisa e Documentação de História Contemporânea do Brasil da Fundação Getúlio Vargas, n. 34, v. 73, p. 262-280, maio/ago. 2021.

MARCUSE, H. *Tecnologia, guerra e fascismo*. São Paulo: Editora da Universidade Estadual Paulista, 1979.

NÓVOA, A. A pandemia de COVID-19 e o futuro da Educação. *Revista Com Censo*, Brasília, v. 7, n. 3, p. 8-12, ago. 2020.

GIMENO SACRISTÁN, José. *A educação e os meios de comunicação*: quem serve a quem? Portugal: Edições Pedagogo, 2007.

SAMPAIO, M. M. F. (org.). *O cotidiano escolar face às políticas educacionais*. Araraquara: JM Editora, 2002.

SANTOS, E. M. O ensino remoto emergencial e o uso de recursos digitais em aulas de Língua Inglesa. *Ilha Desterro*, Florianópolis, v. 74, n. 3, p. 145-160, set./out. 2021.

VAZQUEZ, D. A. *et. al*. Vida sem escola e saúde mental dos estudantes de escolas públicas na pandemia de Covid-19. *Saúde Debate*, Rio de Janeiro, n. 46, v. 133, p. 304-317, abr./jun. 2022.

WILLIAMS, R. *Cultura*. Tradução de Lólio L. Oliveira. 2. ed. São Paulo: Paz e Terra, 1992.

5

CAMINHOS CRUZADOS ENTRE A UNIVERSIDADE PÚBLICA E A ESCOLA BÁSICA NO CONTEXTO PANDÊMICO: O ESTÁGIO CURRICULAR EM FOCO

Maria Cecilia Sanches
Adriana Patrício Delgado

INTRODUÇÃO

O envolvimento e a experiência das autoras oriundos dos anos de atuação profissional como docentes em cursos de Licenciaturas em Instituições de Ensino Superior (IES) privadas e públicas (vínculo atual) permitem-nos afirmar que o estágio curricular obrigatório consiste em um momento central na organização curricular dos cursos de licenciaturas.[88] Afinal, para o exercício profissional como docentes, o cumprimento do estágio supervisionado é um requisito curricular obrigatório que vai além da obtenção de uma certificação, uma vez que contempla a dimensão da formação relativa ao aprendizado de saberes para atuarem como docentes nos diversos e complexos contextos escolares.[89]

Nas duas últimas décadas, os cursos de licenciatura, com destaque à Pedagogia, têm passado por modificações substanciais,

---

[88] Acrescenta-se o pertencimento ao Grupo de Pesquisa intitulado Docência em suas Múltiplas Dimensões vinculado ao Programa de Estudos Pós-Graduados em Educação: História, Política, Sociedade (EHPS) da Pontifícia Universidade Católica de São Paulo (PUC/SP), do qual somos egressas, que nos aproximou ainda mais, resultando, entre outras produções, na escrita deste capítulo.

[89] PIMENTA, S. G. Prefácio. *In*: GOMES, M. O. G. (org.). *Estágios na formação de professores:* possibilidades formativas entre ensino, pesquisa e extensão. São Paulo: Edições Loyola, 2011. p. 9-14.

estabelecidas, respectivamente, pelas Resoluções n.º 01/2002[90], n.º 02/2002[91], n.º 01/2006[92], n.º 02/2015[93] e n.º 02/2019[94] (vigente), as quais instituíram Diretrizes Curriculares Nacionais para a Formação de Professores no país. Tais Diretrizes consistem em peças legais que definem um projeto de formação de professores circunscrito no tempo histórico e no contexto político-cultural em que foram publicadas, cada qual com suas especificidades, mas com um ponto em comum: a centralidade do estágio expressa na organização curricular e na carga horária que ocupam na estrutura dos cursos de licenciaturas, correspondendo a 400 horas a serem cumpridas efetivamente no espaço escolar, como mínimo estabelecido pelas Diretrizes Curriculares.

Com vistas a dar materialidade à afirmação, apresentamos como o estágio vem sendo descrito nas Resoluções mencionadas: i) de acordo com as Resoluções n.º 01/2002[95] e n.º 02/2002,[96] "o estágio curricular obrigatório [...] a ser realizado na escola de educação básica [...] deve ser desenvolvido a partir do início da segunda metade do curso e ser avaliado conjuntamente pela escola formadora e a escola campo de estágio"; ii) a Resolução n.º 01/2006[97] indica que o estágio curricular deve ser realizado

---

[90] BRASIL. Conselho Nacional de Educação. Resolução CNE/CP n.º 01, de 18 de fevereiro de 2002. Institui Diretrizes Curriculares Nacionais para a Formação de Professores da Educação Básica, em nível superior, curso de licenciatura, de graduação plena. *Diário Oficial da União*, Brasília, MEC, 2002.

[91] BRASIL. Conselho Nacional de Educação. Resolução CNE/CP n.º 02, de 19 de fevereiro de 2002. Institui a duração e a carga horária dos cursos de licenciatura, de graduação plena, de formação de professores da Educação Básica em nível superior. *Diário Oficial da União,* Brasília, MEC, 2002b.

[92] BRASIL. Conselho Nacional de Educação. Resolução CNE/CP n.º 01 de 15 de maio de 2006. Institui as Diretrizes Curriculares Nacionais para o curso de Graduação em Pedagogia, licenciatura. *Diário Oficial da União*, Brasília, MEC, 2006.

[93] BRASIL. Conselho Nacional de Educação. Resolução CNE/CP n.º 02, de 01 de julho de 2015. Define as Diretrizes Curriculares Nacionais para a formação inicial em nível superior (cursos de licenciatura, cursos de formação pedagógica para graduados e cursos de segunda licenciatura) e para a formação continuada. *Diário Oficial da União*, Brasília, MEC, 2015.

[94] BRASIL. Conselho Nacional de Educação. Resolução CNE/CP n.º 02 de 20 de dezembro de 2019. Define as Diretrizes Curriculares Nacionais para a Formação Inicial de Professores para a Educação Básica e institui a Base Nacional Comum para a Formação Inicial de Professores da Educação Básica (BNC-Formação). *Diário Oficial da União*, Brasília, MEC, 2019.

[95] BRASIL, 2002a.

[96] BRASIL, 2002b.

[97] BRASIL, 2006.

ao longo do curso com vistas a assegurar aos graduandos experiências de exercício profissional, prioritariamente, nos segmentos da educação infantil e dos anos iniciais do ensino fundamental; iii) a Resolução n.º 02/2015[98] explicita que o estágio curricular supervisionado, na condição de componente obrigatório da organização curricular dos cursos de licenciatura, consiste em "uma atividade específica intrinsecamente articulada com a prática e com as demais atividades de trabalho acadêmico", [...]; iv) a Resolução n.º 02/2019,[99] indica que as horas de estágio supervisionado devem ser cumpridas em ambiente de ensino-aprendizagem, e conforme o Artigo 11, "em situação real de trabalho em escola, segundo o Projeto Pedagógico do Curso (PPC) da instituição formadora", o que tem sido objeto de intensa discussão, inclusive no movimento pela sua revogação.

Com base nos fragmentos selecionados relativos ao estágio curricular obrigatório, salientamos alguns pontos: 1) a realização do estágio curricular dá-se no contexto da escola básica *in loco*; 2) o estágio deve assegurar a aquisição da experiência profissional; 3) corresponde a um componente curricular obrigatório com vistas a promover a práxis docente. Nesse sentido, o estágio supervisionado tem um papel de extrema relevância no currículo dos cursos de licenciatura, tanto no processo de construção identitária profissional dos licenciandos quanto por instituir e visibilizar a "[...] necessidade de diálogos reflexivos entre os formadores e os formandos, entre a escola e a universidade, entre os alunos da educação básica e os professores que recebem estagiários".[100]

Dita sua relevância na formação docente, um questionamento coloca-se em pauta: como foram cumpridas as horas de estágio curricular durante o período de isolamento social, ocasionado pela Covid-19, a partir do qual as universidades e as escolas de educação básica precisam aderir, como única alternativa possível, no formato remoto?

---

[98] BRASIL, 2015.

[99] BRASIL, 2019.

[100] LIMA, M. S. L. L.; AROEIRA, K. P. O estágio curricular em colaboração, a reflexão e o registro reflexivo dos estagiários: um diálogo entre a escola e a universidade. *In*: GOMES, M. O. G. (org.). *Estágios na formação de professores*: possibilidades formativas entre ensino, pesquisa e extensão. São Paulo: Edições Loyola, 2011. p. 117-133. p. 118.

O contexto pandêmico impôs para as universidades públicas, foco deste estudo, inúmeras dificuldades e desafios para que pudéssemos prosseguir com as atividades acadêmicas movidos pelo compromisso político-social e pela responsabilidade com a formação de professores/as do país. Entre as dificuldades enfrentadas, focalizaremos neste texto o cumprimento do estágio curricular em um cenário no qual as escolas básicas estavam fechadas devido ao isolamento social decorrente da Covid-19. Mediante o exposto, algumas perguntas surgem: como garantir o cumprimento dos estágios no contexto remoto? Quais são as aproximações possíveis de serem tecidas com a escola? Que experiências os/as licenciados/as adquiriram na realização do estágio em outros formatos? Que reflexões e saberes emergiram a partir dessa realidade?

Buscando responder essas perguntas, o presente estudo tem por objetivo apresentar, de modo descritivo-analítico, como o curso de Pedagogia da Universidade Federal de São Paulo (Unifesp) organizou os estágios curriculares obrigatórios por meio de seu Programa Institucional de Residência Pedagógica durante o período pandêmico (2020-2021). Como caminho metodológico descreveremos o formato adotado pela Universidade para o cumprimento das horas do estágio curricular obrigatório no curso de Pedagogia.

Cabe ressaltar ao leitor que em 2006, alguns dos professores do Departamento de Educação da Unifesp idealizaram o Programa de Residência Pedagógica descrito a seguir, que em nada se assemelha ao Programa de Residência Pedagógica instituído pelo governo federal em 2018, a não ser pelo uso da mesma nomenclatura. O programa da Unifesp é uma opção inovadora ao estágio curricular tradicional.

5.1 O PROGRAMA INSTITUCIONAL DE RESIDÊNCIA PEDAGÓGICA DA UNIFESP

O Programa de Residência Pedagógica (PRP) da Unifesp estrutura-se a partir de uma pesquisa financiada pelo governo em 2006, quando o curso de Pedagogia foi iniciado. De acordo com o depoimento da Prof.ª Dr.ª Célia Giglio, docente aposentada do curso, nesse mesmo ano a Secretaria de Educação Básica do Ministério da

Educação iniciou o Programa de Consolidação das Licenciaturas (Prodocência)[101], visando ampliar a qualidade das ações voltadas à formação de professores, com prioridade para a formação inicial desenvolvida nos cursos de licenciaturas das instituições federais e estaduais de educação superior.

A partir disso, passou a financiar projetos voltados para a formação e para o exercício profissional dos futuros docentes, com o objetivo de elevar a qualidade da educação superior, formular novas estratégias de desenvolvimento e modernização do ensino no país, dinamizar os cursos de licenciatura das instituições federais de educação superior, propiciar formações acadêmica, científica e técnica dos docentes e apoiar a implementação das novas diretrizes curriculares da formação de professores da educação básica

Nesse sentido, a Unifesp apresentou um projeto para fazer uma pesquisa no município de Guarulhos, em São Paulo, consultando os profissionais da educação do estado e da prefeitura sobre aspectos educacionais e, a partir dessa pesquisa, os docentes de Pedagogia começaram a estruturar o estágio curricular obrigatório no que se tornaria o Programa de Residência Pedagógica (PRP). Durante os anos de 2007 e 2008, a metodologia foi sendo desenvolvida, houve a formação das equipes para trabalhar com cada modalidade de residência, algumas ferramentas foram sendo testadas, o número de escolas participantes do programa foi aumentando, os novos docentes que chegavam à universidade apropriaram-se lentamente do sentido da residência e, por fim, em 2009 o programa foi iniciado.

O PRP toma o espaço do estágio curricular obrigatório dentro do curso de Pedagogia e surge no cenário educacional brasileiro como uma experiência inaugural importante e única, que implica numa qualidade específica para a formação de professores, capaz de enfrentar questões centrais, tais como a aprendizagem prática dos licenciandos e o fortalecimento de vínculos entre a instituição formadora e o sistema educacional.

---

[101] Prodocência – Ministério da Educação (mec.gov.br). Disponível em: http://portal.mec.gov.br/prodocencia. Acesso em: 23 dez. 2023.

A proposta é inspirada na formação médica, cujo princípio é o da imersão e o contato sistemático e temporário com práticas profissionais reais. Como diz Nóvoa:[102]

> O eixo de qualquer formação profissional é o contacto com a profissão, o conhecimento e a socialização num determinado universo profissional. Não é possível formar médicos sem a presença de outros médicos e sem a vivência das instituições de saúde. Do mesmo modo, não é possível formar professores sem a presença de outros professores e sem a vivência das instituições escolares. Esta afirmação, simples, tem grandes consequências na forma de organizar os programas de formação de professores.

Nesse sentido, o PRP envolve parceria com escolas públicas do município de Guarulhos, onde se localiza o campus da Escola de Filosofia, Letras e Ciências Humanas da Unifesp. Os estudantes – residentes – podem fazer parte do programa a partir do 5º semestre do curso, devendo cumprir – fora do horário em que estejam matriculados – as quatro modalidades de residência: Educação Infantil (135 horas), Ensino Fundamental (135 horas), Educação de Jovens e Adultos (65 horas) e Gestão Educacional (65 horas).

Nas modalidades de 135 horas (Educação Infantil e Ensino Fundamental), a imersão na escola é de 80 horas, em dias seguidos. Normalmente esse processo dura um mês e os residentes acompanham um único professor (professor formador) e sua classe, em todo o cotidiano da instituição, fazendo observações participativas e anotações em seu caderno de campo. Uma vez por semana esses residentes têm reunião com o supervisor de estágio (professor preceptor) na universidade, em que são discutidas, analisadas e problematizadas suas vivências na escola. As demais 55 horas da RP são computadas como reuniões de preceptoria e confecção de materiais e relatórios.

Nas modalidades de 65 horas (Educação de Jovens e Adultos e Gestão Educacional) devem ser cumpridas 36 horas na escola e

---

102 NÓVOA, Antônio. Firmar a posição como professor, afirmar a profissão docente. *Cadernos de Pesquisa*, São Paulo, v. 47, n. 166, p. 1.106-1.133, out./dez. 2017. p. 1.122.

o restante com reuniões na universidade e confecção de materiais. São modalidades que duram menos tempo, cerca de 15 dias.

Ressalta-se que todos os docentes do curso de Pedagogia são preceptores, cada qual em uma das quatro modalidades de Residência Pedagógica. O professor-preceptor é o supervisor de um grupo de apenas seis residentes, que os acompanha até os últimos dias de imersão, quando cada um deles aplica uma ação pedagógica na turma acompanhada na escola. Os encontros entre residentes e supervisor na universidade são, de forma inequívoca, uma oportunidade de entrelaçar a teoria acadêmica e a prática profissional.

A ação pedagógica é elaborada por muitas mãos e pensada a partir do currículo escolar, em convergência com o que os residentes trazem em seus cadernos de campo, das discussões com seu professor formador na escola e entre seus colegas e preceptor na universidade. Durante três dias aproximadamente, a intervenção é feita na escola.

Ao final desse período, o preceptor da universidade vai à escola e participa de reunião com os professores para que os residentes apresentem o Plano de Ação desenvolvido com a turma acompanhada. É o momento de apreciação e avaliação do trabalho dos universitários pelos professores e pela equipe técnica da escola e uma excelente ocasião de encontro para que a universidade e a escola troquem ideias, reafirmem acordos e parcerias.

Portanto, o PRP apresenta uma alternativa ao padrão convencional de estágio obrigatório por meio de acordos de cooperação entre algumas escolas públicas do Bairro dos Pimentas, periferia do município de Guarulhos, e a Unifesp. Assim, tornou-se possível a aproximação efetiva entre universidade e escola, de modo que a formação do estudante aconteça na alternância conjugada e colaborativa entre "[...] momentos de forte pendor teórico nas disciplinas e nas ciências da educação, seguidos de momentos de trabalho nas escolas, durante os quais se levantam novos problemas a serem estudados através da reflexão e da pesquisa".[103]

[103] NÓVOA, 2017, p. 1.116.

O citado Programa compreende o estágio como "um eixo de todas as disciplinas do curso, e não apenas daquelas erroneamente denominadas 'práticas'", afinal todas as disciplinas são ao mesmo tempo "teóricas" e "práticas."[104] Nesse sentido, o curso de Pedagogia da Unifesp entende o PRP como central na formação inicial, sendo a expressão concreta do que traz a legislação mencionada anteriormente, sobretudo no que se refere ao ajuste formal entre a universidade e a escola pública.

5.2 O PROGRAMA INSTITUCIONAL DE RESIDÊNCIA PEDAGÓGICA DA UNIFESP E O ESTÁGIO CURRICULAR

Com o advento da pandemia ocasionada pela Covid-19 no início de 2020, a Unifesp teve seu estágio suspenso no período de março a agosto. Durante a suspensão ocorreram diversos debates entre docentes, gestores e estudantes acerca da continuidade do Programa de Residência Pedagógica. Na modalidade de ensino fundamental decidiu-se por priorizar os estudantes que tinham urgência em cumpri-lo, ou seja, os do último ano do curso e aqueles que corriam risco de jubilamento, totalizando 32 residentes. Oito docentes do curso de Pedagogia foram os professores preceptores desses estudantes, ou seja, a cada professor coube supervisionar quatro residentes.

No entanto as escolas públicas do PRP estavam fechadas e apenas uma única escola, entre seis parceiras, concordou em receber todos os residentes de uma vez. Desse modo, os estudantes foram recebidos para participação na única reunião semanal da escola, feita remotamente, entre equipe técnica-pedagógica e os professores.

Embora cada um dos oito preceptores da universidade fosse supervisor de apenas quatro alunos, todos trabalharam em conjunto, criando um único *classroom* virtual, para que pudessem acompanhar

[104] PIMENTA, S. G.; LIMA, M. S. L. Estágio e docência: diferentes concepções. *Poiesis*, Catalão, v. 3, p. 5-24, 2005/2006. p. 20.

mais de perto tanto o seu grupo de residentes quanto os demais grupos com seus respectivos supervisores.

Por meio dessa ferramenta digital foram disponibilizados diferentes materiais: indicações de leitura específicas para a modalidade de ensino fundamental; Cadernos de Residência Pedagógica (uma coletânea escrita pelos docentes do curso, abrangendo diferentes áreas do conhecimento); a proposta curricular do município de Guarulhos, denominada Quadro de Saberes Necessários (QSN), "construído por meio do diálogo com a rede municipal, fóruns, consulta pública com a comunidade escolar e da homologação pelo Conselho Municipal de Educação".[105]

Os materiais que a prefeitura mandou para a escola também puderam ser consultados no *classroom*: cadernos com as orientações aos docentes sobre os programas educacionais televisivos que estavam sendo preparados, além de um tutorial em *Power Point* criado pela equipe técnica da escola para orientar seus professores. Os universitários também liam muitas reportagens, estudos e *podcast* sobre a escola no contexto da pandemia e seus desdobramentos sociais. O *classroom* concentrava, portanto, todo o material da RP e as produções dos residentes, como os relatórios finais e as produções que seriam entregues, posteriormente, à escola.

Semanalmente, cada grupo participava de encontros virtuais com seu respectivo preceptor, em que eram discutidas as vivências nas reuniões com a escola, o caderno de campo com as anotações dos alunos, os materiais lidos, os anseios e as angústias do momento pandêmico e a produção de material para ser disponibilizado à escola.

Além dos registros sobre a participação nas reuniões remotas e semanais, a coleta de dados pelos residentes contou com os materiais disponibilizados pela prefeitura de Guarulhos às escolas (os programas produzidos para a televisão e o guia de programação para os professores) e com os materiais produzidos pelos próprios docentes

[105] Disponível em: https://www.guarulhos.sp.gov.br/sites/default/files/ppp_qsn.pdf. Acesso em: 23 dez. 2023.

do 2º ao 5º ano da escola (videoaulas e atividades disponibilizadas pelo *Facebook* e *WhatsApp*), que serão detalhados no próximo item.

5.3 O QUE MOSTRAM OS DADOS: LIMITES E POSSIBILIDADES

A partir do material analisado, verificou-se que a prefeitura de Guarulhos suspendeu progressivamente as aulas entre os dias 16 e 20 de março de 2020, quando oficializou o fechamento das escolas e decretou 15 dias de recesso. Esse período foi usado para a preparação do programa "Saberes em Casa", veiculado pelo Portal da Prefeitura, no YouTube.[106] Esse Programa buscou ser uma ferramenta educativa alternativa para alunos e famílias e, sobretudo, garantir parte do dia letivo dos alunos da rede municipal durante o período de distanciamento social. Sua proposta era baseada nas diretrizes traçadas nas orientações curriculares do município, como o Quadro de Saberes Necessários (QSN) para a educação infantil, ensino fundamental e educação de jovens e adultos (EJA), atendendo a duas etapas e uma modalidade da educação básica.

Os residentes assistiam aos episódios diariamente, relatando sua forma e conteúdo, como no exemplo a seguir, extraído do Caderno de Campo de um deles, de modo que: na coluna da esquerda temos os nomes dos quadros gravados e exibidos diariamente, na coluna central o nome do conteúdo abordado e à direita os comentários do residente.

[106] Disponível em: https://www.youtube.com/c/PortalSEInforme. Acesso em: 20 ago. 2022.

Quadro 1 – Trecho de um dos Cadernos de Campo sobre o conteúdo dos episódios semanais televisivos do Programa Saberes em Casa
Episódio 89: segunda-feira, 14 de setembro de 2020

1. Morando nas histórias	A bailarina – Poesia.	O episódio inicia-se com a apresentadora conversando com as crianças sobre o tema do dia, que continuará falando sobre as descobertas da humanidade, com foco agora na história da fotografia. Em seguida, houve uma rápida contação da poesia *A bailarina*, por meio de narração e de animação (a professora não aparecia).
2. Mãos na massa	Brincando com elementos da Natureza 6 – Rochas.	Depois, outra professora da rede iniciou o item "Mão na massa" e começou questionando se as crianças já tinham brincado de *Cinco Marias* e de *Homens da caverna*. Depois disso informou que fariam as pinturas rupestres. Explicou como os homens faziam os registros, pois antigamente não existia papel. Falou sobre as tintas naturais e sobre as gravuras nas pedras das cavernas. Mostrou diversas imagens de algumas pedras encontradas na Espanha. No vídeo propôs aos alunos a produção de uma pedra com a própria escrita. Informou os materiais para os alunos e disse que podiam substituir a pedra por um saquinho de pão amassado e imaginar que estavam escrevendo numa parede de alguma caverna. Explicou como as pedras seixo perdem as pontas dentro do rio e mostrou como pintá-las com giz de cera. Ensinou também a receita de massa areia para as crianças poderem imaginar a areia da praia. Sugeriu algumas brincadeiras para se fazer com a areia caseira.

3. Desenho animado	O Show da Luna – Ligados no rádio.	Em seguida, no item "Desenhos animados" foi apresentado um episódio da animação *O show da Luna*, no qual a personagem principal estava brincando com seu irmão quando o avô os chamou. Ao chegarem em sua oficina, viram uma coleção de rádios. Começaram a conversar sobre tudo o que se passava no rádio e a explorar as possibilidades, mudando o posicionamento da antena, mexendo nos botões e explorando suas hipóteses sobre como um rádio funciona.
4. Dica do professor	1. Barco a vela de esponja – Professora Tatiana Gomes da Silva Siqueira Galvino. 2. Brincadeira Descobrindo as Cores – Professora Camila Lucena Creche Leãozinho de Judá.	No item "Dica do professor", a professora Tatiana Gomes da Silva ensinou os alunos a produzirem um barco a vela com uma esponja. Ela mostrou os materiais necessários e o passo a passo da construção. Logo após, a professora Camila Lucena, da Creche Leãozinho de Judá, apresentou uma brincadeira de descobrir as cores. Apresentou os materiais necessários, o passo a passo da construção e, em seguida, mostrou como brincar. Explicou o objetivo da atividade: trabalhar a concentração, as cores e a coordenação motora fina (movimento de pinça).

5. Desafio do dia	Assunto abordado: descobertas da Humanidade – Imagem e som – Fotografia e sua história – Daguerreótipo. Quebrando a cuca no Portal: de segunda a quarta-feira para respostas! O computador foi criado para facilitar a vida das pessoas, possibilitando o uso de planilhas, calculadoras, porém, devido ao seu tamanho, não é possível levá-lo para todo o lado nem o utilizar em qualquer ambiente. Diante disso, um projeto está sendo criado para que alguns recursos desse equipamento possam ser utilizados a qualquer momento e em qualquer local. Você foi chamado para contribuir.	No item "Desafio do dia", a professora iniciou falando sobre a saudades que estava sentindo dos encontros diários. Apresentou o passo a passo de como acessar o formulário "Quebrando a cuca". Em seguida, explicou o desafio da semana, sobre a utilização do computador, e como a criação dele facilitou a vida das pessoas no uso de várias ferramentas – citou as planilhas, digitação de textos, enviar e-mails como exemplos. Disse que, devido ao tamanho de um computador, não é possível utilizá-lo em qualquer lugar. Depois falou que o objetivo do "Quebrando a cuca" da semana seria contribuir para um projeto recém-criado na produção de um objeto que possibilitaria a utilização em qualquer lugar ou em qualquer momento. Pediu para os alunos descreverem um objeto e desenhá-lo. Informou, ainda, que os alunos teriam suas produções compartilhadas com todos em algum episódio. De acordo com o tema da aula, começou introduzindo a questão do registro no passado e comparou com a realidade atual, na qual podemos registrar tudo com facilidade. Trouxe questões históricas sobre a criação da fotografia no ano de 1840 ao chegar ao Brasil, que aconteceu um ano após a chegada do aparelho daguerreótipo. Em seguida, mostrou a imagem do aparelho e perguntou se as crianças imaginavam o que o aparelho grande seria capaz de fazer. Apresentou outros modelos de equipamentos e os profissionais que antigamente ficavam na rua tirando retratos, explicando que a profissão era chamada de lambe-lambe. Mostrou algumas imagens de filmes fotográficos e fez a reflexão de como isso mudou durante a história. Ao final, disse quais seriam as atividades realizadas com base nessa aula: propôs para os alunos maiores a construção

	O que inventaria? Quais recursos você colocaria nesse equipamento? Que tal descrevê-lo para nós e, se preferir, fazer um desenho de como seria seu equipamento. Mãos à obra, inventores.	de uma linha do tempo que explicasse a mudança do registro fotográfico. Além disso, falou que eles seriam os fotógrafos e perguntou qual imagem eles fixariam em um papel. Para isso deveriam imaginar a imagem e registrar no caderno. Para as crianças menores, orientou que brincassem da profissão lambe-lambe, construindo conforme mostrado durante o episódio.
6. Desafio do Dia – EJA	É hora da matemática com a professora Evelyn Souto.	Em seguida foi apresentada a aula de matemática para a EJA.
7. Libras em casa		E, depois, o momento "Libras em casa".

Fonte: dados organizados pelas autoras a partir do caderno de campo de um dos residentes

É importante destacar a celeridade com que a prefeitura de Guarulhos conseguiu elaborar o material televisivo para os alunos e o material impresso destinado aos professores (15 dias) em contrapartida com diferentes problemas técnicos, tais como alterações bruscas de volume entre os quadros e o uso de legendas automáticas geradas sem pontuação, dificultando o entendimento. Embora a proposta fosse "interdisciplinar", na prática, cada quadro apenas se remetia ao mesmo tema, sem estabelecer maiores relações entre os diferentes campos de conhecimento.

Na realidade, professores eram convidados para fazer os diferentes quadros sem uma reunião prévia, em que pudessem planejar, discutir e articular uma sequência didática. Pelos relatos dos residentes, esses professores eram convidados para serem meros executores de uma ação, a partir de um tema dado, o que gerava a sensação de improviso e desconexão entre as atividades. Os programas não eram divididos por segmento de ensino, ou seja, um aluno da EJA precisava aguardar toda a programação de educação infantil e ensino fundamental, até que chegasse na sua modalidade. Cabe ressaltar que dentro das condições objetivas e materiais disponíveis, sabemos que foi o melhor que os profissionais da educação puderam fazer para garantir um mínimo para os estudantes, mesmo sem saber o número de espectadores que seria alcançado por estarem em um contexto pandêmico.

Nas reuniões da escola decidiu-se pela criação de um perfil no *Facebook* para o ensino fundamental, com postagens três vezes por semana, acompanhadas de uma videoaula de aproximadamente dez minutos, e um formulário no *Google Forms* para registro e envio de atividades para os docentes. Uma vez por semana os professores faziam uma reunião virtual, via *Google Meet*, com os alunos, e cada turma contava com seu grupo de *WhatsApp*, para as famílias conversarem com os professores. Já a coordenação cuidava para que as atividades fossem fotocopiadas para as famílias que não conseguissem acessar as redes sociais.

Fato notório é que todos os professores trabalhavam muito, preparavam videoaulas, imagens com conteúdo e atividades na ferramenta *Google Forms*, sempre que possível ligadas ao tema do "Saberes em Casa", e visivelmente se esforçaram para aprofundá-los. Por outro lado, a nova realidade impôs um distanciamento social que fez a escola perder o contato com muitos alunos e suas famílias, e os docentes sequer sabiam quantos ou quem acompanhava, de fato, suas ações.

A cobrança das devolutivas de atividades era uma questão bem controversa entre os docentes. A coordenação pontuava que não poderia exigir que as famílias usassem sua própria Internet para fazer as tarefas escolares e que durante a entrega da cesta básica, muitos pais justificaram não poder participar de grupos de *WhatsApp* e *Facebook*, pois tinham acesso restrito à internet em casa, portanto, quando conseguiam obter as mensagens e as atividades, procuravam fazê-las com os filhos durante a noite, ao retornar do trabalho.

A falta de estrutura governamental para amparar alunos e professores que não tinham conhecimento para lidar com as tecnologias precarizou ainda mais o ensino escolar público. Em tão pouco tempo os docentes tiveram que alterar suas rotinas, pesquisar, estudar e produzir materiais antes inimagináveis, como as videoaulas, e mostraram-se preocupados em se aproximar mais das crianças, retomar o que foi tratado na postagem anterior, corrigir os exercícios, apresentar ilustrações e textos interessantes. Consequentemente, os conhecimentos de Matemática e Língua Portuguesa eram as prioridades, em detrimento das demais áreas do conhecimento, e o pensamento crítico, sem a interação interpessoal, sequer era fomentado.

Esse cenário tornou flagrante a diferença abismal existente na educação brasileira entre a escola para pobres e a escola para quem tem melhores condições materiais, afinal o momento de distanciamento social agravou ainda mais os problemas existentes nas escolas públicas. Infelizmente, algumas pesquisas apontam que mesmo antes da pandemia, muitas escolas já não cumpriam sua função social no que se refere ao trabalho com um conhecimento "poderoso",[107] "[...] como instituição social, a escola não se distingue do contexto em que se produz a desigualdade, confirmando-a e reproduzindo-a por meio de práticas seletivas e de seu próprio currículo".[108]

Com a impossibilidade de fazerem um projeto de intervenção na escola, os estagiários agruparam-se e, orientados pelos professores supervisores, produziram materiais cuja necessidade emergiu das observações e das análises feitas, buscando sentido para ser usado pela escola. As propostas contavam com objetivos bem definidos, que traziam relação com o currículo da prefeitura de Guarulhos e justificavam-se com base no que ouviram nas reuniões entre os professores da escola e o que observaram na coleta de dados. Na ocasião foram disponibilizados diferentes produtos, como *podcast*, histórias contadas, vídeos, textos, atividades interativas, entre outros.

5.4 CONVITE À REFLEXÃO

Este texto encerra-se convidando o/a leitor/leitora a uma reflexão acerca dos desafios impostos pelo isolamento social decorrente da Covid-19 para o cumprimento das horas do estágio curricular obrigatório sem desviar, tampouco secundarizar, os princípios de colaboração e parceria entre universidade e escola básica. Ao mesmo tempo, colocamos em destaque o necessário diálogo político-pedagógico que precisa ser estabelecido com os/as estagiários/as e com docentes da educação básica no desenvolvimento das atividades realizadas.

Em um contexto de total ineditismo, muitos foram os caminhos trilhados pelas universidades públicas, caminhos ora retos, ora tortuosos. Desse modo, com este texto tentamos registrar e ratificar os compromissos político, social e ético assumidos cotidianamente pelas universidades públicas do país com a formação dos/

[107] YOUNG, M. Para que servem as escolas? *Educação e Sociedade*, Campinas, v. 28, n. 101, p. 1.287-1.302, set./dez. 2007.

[108] SAMPAIO, M.; GALLIAN, C. Currículo na escola: uma questão complexa. *In*: MARIN, Alda J. *Escolas, organizações e ensino*. Araraquara: Junqueira & Marin, 2013. p. 169-217. p. 170.

das futuros/as professores/as, atentas às questões que atravessaram o campo da educação durante os dois anos de pandemia e isolamento social, somados a um cenário político de completo descaso com a educação pública, que deixou consequências até hoje sentidas e que seguem sendo enfrentadas, sendo uma delas a necessária e urgente recomposição orçamentária.

Entendemos como fundamental marcar que, mesmo diante de um cenário de inúmeras adversidades e vários desafios, foi possível identificar muitas similaridades no modo como as universidades públicas organizaram-se para garantir a continuidade de suas atividades acadêmicas, sobretudo considerando o respeito e o compromisso com o corpo estudantil. Ademais, não se furtaram das discussões e da busca de alternativas, de modo colaborativo, participativo e dialógico, para dar continuidade ao projeto formativo dos futuros professores e professoras pelos quais eram responsáveis. Para tal, foi necessário reorganizar as práticas pedagógicas e as atividades acadêmicas, propondo outros modos possíveis de cumprimento das horas de estágio. E assim foi feito, resultante de um trabalho intenso, coletivo e incessante entre todos os envolvidos da universidade e da escola básica, igualmente compromissados com a formação docente.

Outro elemento comum a destacar em relação às universidades públicas, com destaque à Unifesp e à UFRJ – local onde nós, autoras, somos servidoras –, é que a maior parte do corpo estudantil é trabalhadora, sendo, muitas vezes, arrimo de suas famílias, de modo que a conclusão do curso era substancial, colocando-se, assim, no centro dos debates entre os corpos docente, técnico, discente e gestor das respectivas universidades.

Assim, as práticas exercidas pelas duas universidades (Unifesp e UFRJ) partiram

> [...] do pressuposto de que quando o estágio é fundado na práxis assume importante contribuição na produção de saberes [...] referenciando a reflexão como meio de redimensionar e ressignificar a prática.[109]

[109] LIMA; AROEIRA, 2011, p. 119.

Cumpre ressaltar que o campo empírico para realização dos estágios tem sido fundamentalmente a escola pública, objeto de estudo que as referidas universidades se comprometem a pesquisar, refletir, trocar, intervir, aprender.

Por fim, a escola não é um objeto único, ela tem muitas facetas e conhecê-las "é fundamental para que se saiba, na micro, na meso e na macropolítica, onde e como agir".[110] Afinal, é no diálogo e na parceria com a escola básica que se mantêm vivos e potentes os projetos de formação de professores/as, nos quais o estágio, indubitavelmente, ocupa um lugar central.

REFERÊNCIAS

BRASIL. Conselho Nacional de Educação. Resolução CNE/CP n. 01, de 15 de maio de 2006. Institui as Diretrizes Curriculares Nacionais para o curso de Graduação em Pedagogia, licenciatura. *Diário Oficial da União*, Brasília, MEC, 2006.

BRASIL. Conselho Nacional de Educação. Resolução CNE/CP n. 01, de 18 de fevereiro de 2002. Institui Diretrizes Curriculares Nacionais para a Formação de Professores da Educação Básica, em nível superior, curso de licenciatura, de graduação plena. *Diário Oficial da União*, Brasília, MEC, 2002a.

BRASIL. Conselho Nacional de Educação. Resolução CNE/CP n. 02, de 20 de dezembro de 2019. Define as Diretrizes Curriculares Nacionais para a Formação Inicial de Professores para a Educação Básica e institui a Base Nacional Comum para a Formação Inicial de Professores da Educação Básica (BNC-Formação). *Diário Oficial da União*, Brasília, MEC, 2019.

BRASIL. Conselho Nacional de Educação. Resolução CNE/CP n. 02, de 19 de fevereiro de 2002. Institui a duração e a carga horária dos cursos de licenciatura, de graduação plena, de formação de professores da Educação Básica em nível superior. *Diário Oficial da União*, Brasília, MEC, 2002b.

[110] MARIN, A. Em busca da compreensão da escola. *In*: BUENO, J. G. S.; MUNAKATA, K.; CHIOZINI, D. F. (org.). *A escola como objeto de estudo*: escola, desigualdades, diversidades. Araraquara: Junqueira & Marin, 2014. p. 61-84. p. 81.

BRASIL. Conselho Nacional de Educação. Resolução CNE/CP n. 02, de 01 de julho de 2015. Define as Diretrizes Curriculares Nacionais para a formação inicial em nível superior (cursos de licenciatura, cursos de formação pedagógica para graduados e cursos de segunda licenciatura) e para a formação continuada. *Diário Oficial da União*, Brasília, MEC, 2015.

LIMA, M. S. L. L.; AROEIRA, K. P. O estágio curricular em colaboração, a reflexão e o registro reflexivo dos estagiários: um diálogo entre a escola e a universidade. *In*: GOMES, M. O. G. (org.). *Estágios na formação de professores*: possibilidades formativas entre ensino, pesquisa e extensão. São Paulo: Edições Loyola, 2011, p. 117-133.

MARIN, A. Em busca da compreensão da escola. *In*: BUENO, J. G. S.; MUNAKATA, K.; CHIOZINI, D. F. (org.). *A escola como objeto de estudo*: escola, desigualdades, diversidades. Araraquara: Junqueira & Marin, 2014, p. 61-84.

NÓVOA, A. Firmar a posição como professor, afirmar a profissão docente. *Cadernos de Pesquisa*, São Paulo, v. 47, n. 166, p. 1.106-1.133, out./dez. 2017.

PIMENTA, S. G.; LIMA, M. S. L. Estágio e docência: diferentes concepções. *Poiesis*, Catalão GO, v. 3, p. 5-24, 2005/2006.

PIMENTA, S. G. Prefácio. *In*: GOMES, M. O. G. (org.). *Estágios na formação de professores:* possibilidades formativas entre ensino, pesquisa e extensão. São Paulo: Edições Loyola, 2011. p. 9-14.

SAMPAIO, M.; GALLIAN, C. Currículo na escola: uma questão complexa. *In*: MARIN, A. J. *Escolas, organizações e ensino*. Araraquara: Junqueira & Marin, 2013. p. 169-217.

YOUNG, M. Para que servem as escolas? *Educação e Sociedade*, Campinas, v. 28, n. 101, p. 1.287-1.302, set./dez. 2007.

6

ESTÁGIOS SUPERVISIONADOS NO CONTEXTO DE PANDEMIA: O QUE APONTAM OS LICENCIANDOS DA UFSCAR/ARARAS

Elaine Gomes Matheus Furlan

No âmbito do campo de formação de professores, focalizando os cursos de licenciatura, este capítulo tem como objetivo problematizar e evidenciar questões que tangenciam os estágios supervisionados, priorizando o contexto remoto vivenciado recentemente em virtude da pandemia de Covid-19, causada pelo SARS-CoV-2 (coronavírus).

Estudos recentes procuram discutir os contextos nacional e regional a partir da necessidade de repensar normas educacionais, em excepcionalidade, para atividades pedagógicas não presenciais, de forma remota e emergencial.[111] [112] [113] [114] [115]

Assim, nos últimos anos vários elementos interferiram na rotina escolar, da educação básica e dos cursos que formam professores, com a necessidade de repensar, analisar e encaminhar ações de modo a dar continuidade aos estudos, de forma excepcional e segura, de acordo com as condições sanitárias e de isolamento social. Desse modo, escolas públicas e particulares e universidades adaptaram recursos para atividades de ensino, entre elas, os estágios obrigatórios.

> Mesmo a atividade remota não permitindo uma interação mais expressiva com o campo de estágio, exigindo a (re)invenção de estratégias metodológicas capazes de viabilizar formas diferenciadas de vivências e aprendizagens, inferimos que enquanto sociedade como um todo, enquanto pessoas, os estudantes têm feito exercícios reflexivos dos impactos da pandemia no cenário educacional, social, político e econômico.[116]

---

111 PALUMBO, L. P.; TOLEDO, C. M. Q. de. A tecnologia como instrumento democratizador do direito à educação nos tempos da pandemia causada pela Covid-19. *Revista Brasileira de Direitos e Garantias Fundamentais*, Florianópolis, v. 6, n. 1, p. 72-90, 2020. Disponível em: https://www.indexlaw.org/index.php/garantiasfundamentais/article/view/6640. Acesso em: 5 abr. 2023.

112 FRITSCH, R.; VITELI, R. F.; HOMEM, L. F.; MACHADO, S. N. S. O ensino remoto no contexto da pandemia de Covid-19 em escolas públicas de Ensino Médio. *Revista Brasileira de Política e Administração da Educação*, Brasília, v. 37, n. 3, p. 1.473-1.505, set./dez. 2021. Disponível em: https://seer.ufrgs.br/rbpae/article/view/109654. Acesso em: 4 abr. 2023.

113 ALVES, M. V. S.; MACIEL, A. G. C.; SOUSA, E. R. S. O estágio supervisionado no contexto da pandemia da Covid-19: contribuições e compreensões na formação inicial de professores de matemática do campus Moju-UEPA. *In*: ENALIC, 7., 2021, [*s. l.*]. *Anais* [...]. [*S. l.*]: ENALIC, 2021. Disponível em: https://www.editorarealize.com.br/editora/anais/enalic/2021/TRABALHO_COMPLETO_EV163_MD1_SA108_ID1150_27102021000114.pdf. Acesso em: 30 mar. 2023.

114 SOBERAY, S. T. M.; FREITAS, L. G. Ensino remoto emergencial e o estágio supervisionado em educação em tempos de pandemia da Covid-19. *Revista de Estudos em Educação e Diversidade*, Vitória da Conquista, v. 2, n. 4, p. 1-27, abr./jun. 2021. Disponível em: https://periodicos2.uesb.br/index.php/reed/article/view/8318/5897. Acesso em: 6 abr. 2023.

115 SARAIVA, M. D.; KANADA, L. F.; NEVES, R. P. F.; FURLAN, E. G. M. Vivenciando o estágio em Química no modelo de ensino remoto emergencial. *In*: CASTRO PINTO, E. de; ARAÚJO, F. A. M. (org.). *EJA*: fundamentos, prática educativa e formação docente. Parnaíba: Acadêmica Editorial, 2022. p. 102-111. *E-book*.

116 SOBERAY; FREITAS, 2021, p. 12.

De modo geral, os estágios supervisionados obrigatórios são momentos privilegiados que permitem vivenciar o contexto da prática profissional, articulando conhecimentos múltiplos e experiências variadas, de tal forma a repensar e reconhecer a instituição escolar como espaço formativo que contribui para a aprendizagem da docência.[117]

Em conjunto com a universidade, é possível pensar na formação de futuros professores superando os moldes da racionalidade técnica[118] e elaborando referências sobre a aprendizagem profissional docente como um processo contínuo, reflexivo e de superação. Assim, o campo dos estágios apresenta várias perspectivas de modo a propor avanços formativos, relacionando conhecimentos científicos e acadêmicos para além do cumprimento de uma carga horária como exigência de lei.

Alguns estudos também têm explorado o percurso histórico do contexto dos estágios na formação de professores.[119] [120] [121] Nesse sentido, a dicotomia entre teoria e prática e as discussões acerca das ações permearem toda a formação docente, evidenciam a necessidade de os estágios contribuírem de forma intencional e crítica

117 MIZUKAMI, M. G. N.; REALI, A. M. M. R. O professor a ser formado pela UFSCar – Uma proposta para a construção de seu perfil profissional. *In*: PIERSON, A. H. C.; SOUZA, M. H. A. O. *Formação de professores na UFSCar*: concepção, implantação e gestão de projetos pedagógicos das licenciaturas. São Carlos: Editora da Universidade Federal de São Carlos, 2010.

118 SOARES, M. H. F. B.; MESQUITA, N. A.; BENITE, A. M. C.; ECHECERRÍA, A. R. A formação de professores de química pela pesquisa: algumas ações da área de ensino de química do Instituto de Química da Universidade Federal de Goiás. *Espaço Plural*, Marechal Cândido Rondon, ano XIII, n. 26, p. 70-87, 1º sem. 2012. Disponível em: https://repositorio.bc.ufg.br/handle/ri/13670. Acesso em: 5 abr. 2023.

119 COLOMBO, I. M.; BALLÃO, C. M. Histórico e aplicação da legislação de estágio no Brasil. *Educar em Revista*, Curitiba, n. 53, p. 171-186, jul./set. 2014. Disponível em: https://www.scielo.br/j/er/a/kKhXcCMp36LZ5R54f3L1PFq/?format=pdf&lang=pt. Acesso em: 2 abr. 2023.

120 OLIVEIRA, K. C. M. *Estágio supervisionado na formação inicial de professores*: o dito e o não dito nos PPC de licenciatura em Química. 2016. Dissertação (Mestrado em Educação em Ciências e Matemática) – Pró-reitoria de Pós-Graduação (PRPG), Programa de Pós-Graduação em Educação em Ciências e Matemática, Universidade Federal de Goiás (UFG), Goiânia, 2016. Disponível em: https://repositorio.bc.ufg.br/tede/handle/tede/7043. Acesso em: 3 abr. 2023.

121 MARTINS, P. B.; CURI, E. Estágio curricular supervisionado: uma retrospectiva histórica na legislação brasileira. *Revista Eletrônica de Educação*, UFSCar/São Carlos, v. 13, n. 2, p. 689-701, maio/ago. 2019. Disponível em: https://www.reveduc.ufscar.br/index.php/reveduc/article/view/2471. Acesso em: 6 abr. 2023.

para os cursos de licenciatura. Questionamentos acerca do campo de atuação também se fazem presentes, portanto os estágios obrigatórios vêm apresentando espaços e oportunidade de ampliar as discussões pedagógicas e epistemológicas no que tange à formação inicial de professores.

Ghedin, Oliveira e Almeida[122] entendem a pesquisa como princípio para uma nova concepção de docência, distante de desempenhar apenas uma função técnica. Defendendo a racionalidade crítica, Soares *et al.*[123] corroboram indicando como a pesquisa articula-se com o preparo do exercício profissional. Nesse sentido, Pimenta e Lima[124] fundamentam a relação estágio e docência, explorando diferentes concepções na tentativa de superar a separação entre teoria e prática, com aproximação da realidade que atuará. No desdobramento disso apresentam a pesquisa como estratégia de formação e desenvolvimento dos estágios, contribuindo para a ampliar e compreender situações vivenciadas.

O estudo de Soberay e Freitas[125] aponta reflexões discentes sobre os estágios supervisionados ofertados no contexto de pandemia, explorando a região norte do Brasil; os relatos discentes indicam sobre repensar as práticas e os aspectos pedagógicos, percebendo experiências únicas com conhecimentos importantes para a formação dos professores. Além disso, "assinalaram também que em meio a essa crise que desestabilizou o sistema educacional brasileiro, essas excepcionais experiências proporcionaram novas reflexões sobre suas práticas"[126]. As autoras ainda destacam:

> A experiência nos estágios remotos para os estudantes proporcionou melhor familiarização com os

[122] GHEDIN, E.; OLIVEIRA, E.S.; ALMEIDA, W.A. *Estágio com pesquisa*. São Paulo: Cortez, 2018. 280 p.

[123] SOARES; MESQUITA; BENITE; ECHECERRÍA, 2012.

[124] PIMENTA, S. G.; LIMA, M. S. L. *Estágio e docência*. 7. ed. São Paulo: Cortez, 2012. (Coleção Docência em Formação. Série Saberes Pedagógicos).

[125] SOBERAY, S. T. M.; FREITAS, L. G. Ensino remoto emergencial e o estágio supervisionado em educação em tempos de pandemia da Covid-19. *Revista de Estudos em Educação e Diversidade*, Vitória da Conquista / BA, v. 2, n. 4, p. 1-27, abr./jun. 2021. Disponível em: https://periodicos2.uesb.br/index.php/reed/article/view/8318/5897. Acesso em: 6 abr. 2023. p. 19-20.

[126] SOBERAY e FREITAS, 2006, p. 20.

> recursos digitais, além de serem motivados a relacionar seus conhecimentos científicos, tecnológicos e metodológicos durante a realização das atividades, o que sem dúvida proporcionou experiências relevantes para a formação docente nesse momento de pandemia e para momentos posteriores.[127]

Dessa forma, explorar como os estágios estão sendo desenvolvidos nos cursos que preparam futuros professores, focalizando as aprendizagens desenvolvidas no período pandêmico, parece um caminho a ser explorado, principalmente no que tange às reflexões dos licenciandos que tiveram a oportunidade de explorar esse momento.

6.1 OS ESTÁGIOS SUPERVISIONADOS DA UFSCAR/ ARARAS, O CONTEXTO DO PROGRAMA DE RESIDÊNCIA PEDAGÓGICA E A PANDEMIA

Em algumas instituições de ensino superior (IES), os estágios que abrangem os cursos de licenciaturas são coordenados por um setor responsável que avalia, em geral, o cumprimento burocrático da carga horária e a documentação. No âmbito da Universidade Federal de São Carlos (UFSCar), os estágios supervisionados obrigatórios são disciplinas, com docentes especialistas na área responsáveis pelo acompanhamento das atividades, procurando atender às demandas de parceria universidade-escola.

Conforme detalhado em outros estudos,[128] [129] especificamente no campus Araras há três cursos noturnos de licenciatura, com o período de cinco anos, envolvendo seis professores, que ministram as disciplinas referentes aos estágios supervisionados em Química,

---

[127] SOBERAY e FREITAS, 2006, p. 20.

[128] CALZOLARI NETO, A.; BOZZINI, I. C. T.; FURLAN, E. G. M. O estágio de regência na aprendizagem da docência em Química e em Biologia. *Laplage em Revista*, Sorocaba, v. 2, n. 2, p. 42-50, 2016. Disponível em: https://www.redalyc.org/journal/5527/552756516006/552756516006.pdf. Acesso em: 7 abr. 2023.

[129] BOZZINI, I. C. T.; FURLAN, E. G. M.; CALZOLARI, A. Aprendizagem da docência no estágio de regência em Biologia – A temática de educação em sexualidade. *Crítica Educativa*, Sorocaba, v. 7, n. 1, p. 1-26, 2021. Disponível em: https://www.criticaeducativa.ufscar.br/index.php/criticaeducativa/article/view/501. Acesso em: 5 abr. 2023.

Física, Biologia e Ciências, portanto explorando o âmbito do ensino fundamental II e do ensino médio. Além disso, há disciplinas (correquisitos) chamadas Orientação para a Prática Profissional (em Química, em Física e em Ciências Biológicas), ofertadas semestralmente a partir do quarto ano dos cursos.

Nesses cursos de licenciatura há estágios de 60 horas, focalizando a imersão no contexto escolar, com aspectos de observação e pesquisa, além de disciplinas com 150 horas, direcionando-se para o desenvolvimento de aspectos diagnosticados previamente, com questões de pesquisa, coparticipação em projetos com professores/supervisores e, prioritariamente, as regências. A concepção envolvida indica que

> [...] os estágios supervisionados desses cursos, têm como objetivo criar condições para que os futuros professores vivenciem o cotidiano escolar, procurando interagir com os agentes escolares de modo a proporcionar condições para o planejamento, desenvolvimento e avaliação de situações e estratégias de ensino e aprendizagem.[130]

Isso considerando o contexto presencial e, mais recentemente, a necessidade do contexto remoto e do distanciamento social durante a pandemia de Covid-19. Foram muitas discussões acerca das dificuldades, mas também potencialidades, que essa experiência, ímpar no contexto de pandemia, poderia possibilitar a partir de um acompanhamento de perto, junto às escolas de educação básica, verificando fragilidades e expondo desigualdades, mas possibilitando reinvenção, superação e muita aprendizagem.

O princípio básico das disciplinas de estágio, em qualquer contexto, compreende a aproximação das redes de ensino, municipal e estadual, procurando envolver egressos desses cursos, assim como professores experientes, gestores e comunidade de modo geral, em forma de uma parceria entre a UFSCar/Araras e as escolas da região. Além disso, levantar demandas, investigações acerca do

[130] CALZOLARI NETO; BOZZINI; FURLAN, 2016, p. 44.

campo escolar e potencialidades locais para trabalhos interdisciplinares ou na especificidade de cada área são elementos priorizados na relação que os docentes buscam durante a imersão dos futuros professores e o acompanhamento das atividades, possibilitando uma relação próxima com os professores das redes que recebem os estagiários. Esse processo de parceria vem sendo construído desde 2007, quando da abertura dos cursos na Reestruturação e Expansão das Universidades Federais (Reuni).

Mais recentemente, e também no período de pandemia, os cursos de licenciatura vêm participando do Programa de Residência Pedagógica (PRP). O PRP foi instituído em fevereiro de 2018, por meio da Portaria n.º 38,[131] com o objetivo de apoiar as IES a implementarem projetos para estimular as articulações teoria e prática no âmbito dos cursos de licenciatura, possibilitando reforçar parcerias entre universidades e redes públicas da educação básica. De acordo com o Art. 2 dessa Portaria, são objetivos do Programa de Residência Pedagógica:

> I. Aperfeiçoar a formação dos discentes dos cursos de licenciatura, por meio do desenvolvimento de projetos que fortaleçam o campo da prática e que conduzam o licenciando a exercitar de forma ativa a relação entre teoria e prática profissional docente, utilizando coleta de dados e diagnóstico sobre o ensino e a aprendizagem escolar, entre outras didáticas e metodologias;
>
> II. Induzir a reformulação do estágio supervisionado nos cursos de licenciatura, tendo por base a experiência da residência pedagógica;
>
> III. Fortalecer, ampliar e consolidar a relação entre a IES e a escola, promovendo sinergia entre a entidade que forma e aquelas que receberão os egressos das

[131] BRASIL. Ministério da Educação. Coordenação de Aperfeiçoamento de Pessoal de Nível Superior. *Edital Capes n.º 06/2018*. Programa de Residência Pedagógica. Brasília: Capes, 2018. Disponível em: https://www.gov.br/capes/pt-br/centrais-de-conteudo/28022018-portaria-n-38-institui-rp-pdf. Acesso em: 20 dez. 2023.

> licenciaturas, além de estimular o protagonismo das redes de ensino na formação de professores;
>
> IV. Promover a adequação dos currículos e das propostas pedagógicas dos cursos de formação inicial de professores da educação básica às orientações da Base Nacional Comum Curricular (BNCC).

Em 2019, o PRP foi regulamentado pela Portaria n.º 259, destacando os seguintes objetivos para o Programa, no Art. 5º:

> I - incentivar a formação de docentes em nível superior para a educação básica, conduzindo o licenciando a exercitar de forma ativa a relação entre teoria e prática profissional docente;
>
> II - promover a adequação dos currículos e propostas pedagógicas dos cursos de licenciatura às orientações da Base Nacional Comum Curricular (BNCC);
>
> III - fortalecer e ampliar a relação entre as Instituições de Ensino Superior (IES) e as escolas públicas de educação básica para a formação inicial de professores da educação básica;
>
> IV - fortalecer o papel das redes de ensino na formação de futuros professores.

Percebemos, dessa forma, que a reformulação do estágio supervisionado nos cursos de licenciatura deixou de apresentar, de forma explícita, um objetivo determinante no Programa, contudo os princípios norteadores mantiveram-se no sentido de fortalecer a formação de futuros professores.

No ano seguinte, o Edital[132] foi organizado para ser implementado de forma presencial, na perspectiva dos objetivos indicados na regulamentação de 2019, procurando promover a imersão dos

---

[132] BRASIL. Ministério da Educação. Coordenação de Aperfeiçoamento de Pessoal de Nível Superior. *Edital Capes n.º 02/2020* – Programa de Residência Pedagógica. Brasília, 2020. Disponível em: https://www.gov.br/capes/pt-br/acesso-a-informacao/acoes-e-programas/educacao-basica/programa-residencia-pedagogica. Acesso em: 20 dez. 2023.

licenciandos no contexto escolar a partir da segunda metade do curso de graduação. Algumas características precisavam ser consideradas com base no Edital: vigência de 18 meses organizada em três módulos com participação em níveis crescentes de complexidade; atividades envolvendo a inserção no ambiente escolar; familiaridade com a atividade docente; estudos dos conteúdos e metodologias; elaboração de planos de aula e regências junto ao preceptor e docente orientador, além da avaliação da experiência. Contudo, com o contexto da pandemia, as atividades precisaram ser repensadas para o contexto remoto devido ao distanciamento social. Assim, em parceria com as escolas previamente selecionadas, as discussões para o planejamento foram iniciadas no final de 2020 e desdobraram-se ao longo do ano de 2021, chegando até o início de 2022.

Diante dessas características, considerando o máximo de 10 residentes para cada preceptor acompanhar em uma escola-campo, as disciplinas de estágio supervisionado da UFSCar indicaram um campo fértil para desenvolver atividades em parceria com a rede pública de ensino no âmbito do Programa de Residência Pedagógica.

Foi possível reorganizar as ações do Programa, assim como das disciplinas de estágio supervisionado, para dar continuidade às atividades formativas dos licenciandos que, inclusive, foram consultados sobre a escolha de estar (ou não) presentes nesse processo remoto, prevalecendo, de forma unânime, a decisão para o acompanhamento dos professores e da comunidade escolar como uma possibilidade única de aprendizagem diante de um cenário tão difícil.

O projeto institucional da UFSCar, participando do PRP, compreende uma relação com as disciplinas de estágio supervisionado dos cursos de licenciatura, com docentes atuando nas coordenações de área, licenciandos como residentes em escolas cadastradas e preceptores/professores experientes. No caso específico do campus Araras é possível articular projetos e ações na área de ciências da natureza, organizando grupos de alunos dos três cursos de licenciatura (Química, Física e Ciências Biológicas), com possibilidade de trabalho nas especificidades de cada área de conhecimento, assim como com atividades interdisciplinares. O trabalho é desenvolvido de forma coletiva, desde a coleta de dados sobre o contexto escolar, planejamento, elaboração e avaliação de atividades, envolvendo reuniões e estudos com as comunidades escolar e acadêmica, discussões em grupo e socialização das ações.

Durante esse processo, a escrita narrativa é desenvolvida, com diários e relatos de experiência, fundamentados em princípios formativos e de contribuição com a pesquisa. Para Cunha,[133] o apoio de narrativas para atividades de ensino e na pesquisa evidencia um caminho potente para o trabalho em cursos de formação de professores, focalizando os sujeitos de sua própria história e evidenciando os processos vivenciados pelos licenciandos. A autora enfatiza:

> O fato da pessoa destacar situações, suprimir episódios, reforçar influências, negar etapas, lembrar e esquecer, tem muito significados e estas aparentes contradições podem ser exploradas com fins pedagógicos. Tanto em situações de ensino como nas de pesquisa, é preciso estar atento a este aspecto.[134]

Dessa forma, a autora afirma o trabalho com narrativa como um processo formativo, pois reforça os relatos dos fatos vivenciados em um processo de reconstrução da trajetória percorrida a partir de novos significados, emergindo, portanto, um processo reflexivo a ser explorado, de entendimento de si próprio e dos outros, em um processo de visibilidade.

Outros estudos mais recentes também vêm apontando a escrita narrativa, os portfólios e os diários de campo como aspectos favoráveis para a aprendizagem sobre ser professor. São textos reflexivos que estimulam a reorganização e a sistematização do pensamento acerca das vivências, dos dilemas e da busca por conexões, envolvendo

---

133 CUNHA, M. I. Conta-me agora! As narrativas como alternativas pedagógicas na pesquisa e no ensino. *Revista da Faculdade de Educação*, São Paulo, v. 23, n. 1-2, p. 185-195, 1997.

134 CUNHA, 1997, p. 186.

não somente a descrição de fatos e experiências, mas o repensar sobre a própria prática.[135] [136] [137]

É nessa linha que se encaminha o objetivo aqui proposto, ou seja, explorar o papel dos estágios supervisionados e a relação com o PRP no contexto da pandemia, envolvendo ações de ensino remoto emergencial, evidenciando possíveis contribuições para a formação de professores com base nas produções narrativas dos licenciandos participantes desse processo.

Assim, por meio da pesquisa documental,[138] este estudo analisou as narrativas escritas por licenciandos do curso de Química no contexto das experiências relatadas no período de pandemia, acompanhando as atividades escolares de forma remota. Para análise do conteúdo foram utilizados elementos baseados em Bardin,[139] quanto a: pré-análise, com a leitura flutuante e escolha a priori do material/documentos, constituindo o *corpus*; exploração desse material; tratamento dos dados, categorização e interpretação.

---

[135] AGULAR, T. C.; FRANCISCO JUNIOR, W. E. Ações e reflexões durante o estágio supervisionado em Química. *Química nova na escola*, São Paulo, v. 36, n. 4, p. 283-291, nov. 2013. Disponível em: http://qnesc.sbq.org.br/online/qnesc35_4/10-PE-150-12.pdf. Acesso em: 6 abr. 2023.

[136] CABRAL, W. A.; FLÔR, C. C. C. (Re)pensando as práticas de escrita na disciplina de estágio supervisionado em Química: com a palavra, os estagiários. *Revista Ensaio*, Belo Horizonte, v. 18, n. 3, p. 161-174, set./dez. 2016. Disponível em: https://www.scielo.br/j/epec/a/zN4hYvRrLY7ycktzrsg-9dhQ/abstract/?lang=pt. Acesso em: 30 mar. 2023.

[137] GONÇALVES, F. P.; FERNANDES, C. S.; LINDEMANN, R. H.; GALIAZZI, M. C. O diário de aula coletivo no estágio da licenciatura em Química. *Química nova na escola*, São Paulo, n. 30, p. 42-48, nov. 2008. Disponível em: https://repositorio.furg.br/handle/1/1771. Acesso: 4 abr. 2023.

[138] GIL, A. C. *Como elaborar projetos de pesquisa*. 4. ed. São Paulo: Atlas S.A., 2002. 176 p.

[139] BARDIN, L. *Análise de conteúdo*. São Paulo: Edições 70, 2016. 279 p.

6.2 A CONTRIBUIÇÃO DOS ESTÁGIOS SUPERVISIONADOS E DO PRP NO CONTEXTO DE ENSINO REMOTO: O QUE APONTAM OS LICENCIANDOS, FUTUROS PROFESSORES DE QUÍMICA

A partir de 32 narrativas reflexivas foram coletados dados reportando ações coletivas e algumas individuais na última disciplina de estágio supervisionado (150h) do Curso de Licenciatura em Química durante o segundo semestre de 2020 e o primeiro semestre de 2021. A coleta envolveu o contexto de escolas públicas e particulares de ensino médio regular e Educação de Jovens e Adultos (EJA) em quatro cidades na região de Araras/SP. Na escola que na época atendia a EJA foram desenvolvidas as ações do PRP; nas demais escolas foram atividades vinculadas à disciplina de estágio supervisionado, embora o processo tenha sido discutido e posteriormente acompanhado e socializado entre todos os licenciandos.

Em todos os âmbitos escolares, os futuros professores relataram dificuldades em relação ao início das atividades, tramitação de documentos e orientações sobre procedimentos no contexto remoto. Essa etapa, em geral, costuma ser naturalmente difícil quando não há uma rede colaborativa já desenvolvida, contudo, no contexto da pandemia, isso foi agravado pela instabilidade das orientações dos órgãos educacionais, que também estavam adaptando e reorganizando os procedimentos escolares.

Nesse período ocorreram muitos silenciamentos ou informações desencontradas, vários procedimentos em construção como tentativas de orientar escolas e os cursos de formação, ocasionando diferentes encaminhamentos e angústias se seria, de fato, possível dar continuidade às ações envolvendo os estágios obrigatórios. Para os estudantes vinculados ao PRP houve certa facilidade institucional, visto que em uma única escola (na modalidade EJA) foi possível envolver 10 estudantes/bolsistas do Programa; o cadastro da escola e a iniciativa do preceptor/professor em participar do Programa vinculando os estágios facilitaram o processo.

Nos demais casos, a docente responsável pela disciplina de estágio procurou intermediar o processo junto às escolas em parceria com professores egressos ou que já realizava algum trabalho colaborativo com a UFSCar; esse procedimento demonstrou uma relação de confiança crescente, possibilitando construir bons projetos de intervenção com continuidade ao longo dos anos que auxiliaram para o encaminhamento no âmbito escolar. Nas escolas particulares foi possível realizar o estágio remoto, considerando que os licenciandos eram egressos dessas instituições, facilitando o processo de autorização.

Os estagiários também apontaram para a importância do trabalho em grupo, reuniões coletivas com a docente responsável pela disciplina em conjunto com os professores experientes das escolas, procurando planejar ações a partir de demandas locais, de acordo com cada cultura escolar e com os princípios propostos para a formação dos licenciandos. Nesse conjunto, os processos de planejamento, de organização e de avaliação das atividades envolveram estudos de materiais, fundamentos teóricos e metodológicos, aprendizagens sobre tecnologia com plataformas digitais, informações sobre a comunidade escolar, o currículo a ser trabalhado, enfim, recursos e formas de repensar as questões de ensino e de aprendizagem que precisaram ser analisadas particularmente, mas exploradas coletivamente, com possibilidades de avanços e trocas de experiências bem-sucedidas, envolvendo processos de socialização.

O isolamento social, necessário naquele momento, foi outro destaque nas narrativas dos licenciandos, no sentido de como poderiam pensar em atividades de ensino sem conhecerem os estudantes da escola que, de alguma forma, tentavam acompanhar as atividades por meio de plataformas digitais, salas remotas, grupos de *WhatsApp*, videoaulas, enfim, procedimentos que contrariavam as expectativas de vivenciar presencialmente a sala de aula e o ambiente escolar, como nos estágios anteriores. Alguns exemplos podem retratar a participação dos licenciandos nesse contexto:

> *Realizar a disciplina de estágio supervisionado em Química durante um período de pandemia e com as aulas acontecendo de forma remota foi um desafio. Ao longo desses meses podemos ver como os professores estão se renovando diariamente para conseguir a atenção e a participação dos alunos. Temos, na turma da disciplina, alunos que estão realizando seu estágio em escolas particulares e os desafios são os mesmos. Inclusive, em algumas turmas das escolas públicas a interação e a participação dos alunos é maior que nas particulares, o que nos mostra que esse momento tem sido delicado e desafiador em ambas as realidades* (A1 – EJA PRP).

> *Apesar de muitas dificuldades, posso concluir que o ensino remoto permitiu com que eu valorizasse mais os profissionais docentes pela necessidade de se desdobrarem nos mais diversos cenários, além de valorizar o tempo que o docente leva para preparar uma aula, pensando nas dificuldades que os estudantes possam ter ao realizar as atividades ou as dúvidas durante as aulas* (A2 – escola particular).

> *A participação neste estágio foi de suma importância para a minha formação, pois todo o processo educativo foi trabalhado de uma forma diferente das outras vezes, e isso contribuiu significativamente em formas diferenciadas que podemos desenvolver atividades com os alunos; além de deixar mais evidente alguns problemas que os professores passam pelas precárias condições de trabalho ao exercerem sua profissão e para que os alunos tenham um maior envolvimento e condições para participarem das aulas* (A3 – escola pública regular).

> *Com certeza, pude crescer bastante e ver a atividade docente de outra perspectiva, o que me fez notar que essa profissão é um constante aprendizado. Graças a essa experiência me sinto mais preparada para exercer meu papel como futura professora* (A4 – EJA PRP).

> *O estágio com certeza foi um divisor de águas, onde pudemos nos aproximar da prática docente, mesmo*

> *que em um momento tão difícil. Com essas vivências percebemos o tipo de profissional que queremos nos tornar e mudar o padrão que já está tão associado à prática docente* (A5 – escola particular).
>
> *Nossa sociedade necessita cada vez mais de uma educação formadora, construtiva, ampla e emancipatória, de forma que os cidadãos munidos de consciência e criticidade sejam agentes ativos em sociedade, ativos em resoluções de conflitos e refletindo sobre as desigualdades, independentemente de sua classe social. Acredito que essa experiência formativa que pudemos ter contato vai nos construir com novas perspectivas e preparo para as múltiplas realidades que podemos encontrar, com reflexões sobre as diversas experiências* (A6 – EJA PRP).

Assim, os apontamentos das narrativas compreenderam, além da descrição dos procedimentos, planos de aula, desenvolvimento e avaliação das atividades, o aprofundamento reflexivo sobre a participação desse processo, acompanhando de perto as dificuldades, as alternativas, as ações repensadas, as buscas ativas para aproximar os estudantes da educação básica, o esforço da comunidade escolar, a importância da coletividade e do "estar junto" mesmo que remotamente, contribuindo de forma ímpar para a formação docente.

ALGUMAS CONSIDERAÇÕES

As reflexões dos estagiários indicaram a importância de estarem atuantes e em contato com as escolas e com os professores experientes, tanto na educação básica quanto na universidade, compartilhando sentimentos, angústias, recuperando forças e discutindo coletivamente possibilidades para dar continuidade, na medida do possível, às atividades educacionais.

Foram muitas dúvidas, incertezas, angústias, discussões institucionais e com a comunidade, incluindo licenciandos e professores das escolas, sobre a necessidade de continuar e estar (ou não) presente e atuante nesse contexto tão singular e complexo. Entretanto percebe-se que essa vivência foi essencial, sobretudo a partir da reflexão dos futuros professores em poder escolher. Na UFSCar não foi obrigatório participar desse contexto remoto, sendo permitido aos estudantes e docentes decidirem quais atividades eles tinham condições, naquele momento, de participarem. E a partir de uma consulta, realizada pela docente da disciplina, a oferta das disciplinas continuou e oportunizou aprendizagens em várias instancias, inclusive na formação continuada dos professores experientes e na universidade.

Sobre o PRP, pensado de forma a atuar presencialmente nas escolas e posteriormente sendo necessário ser desenvolvido totalmente de forma remota, também foi uma experiência importante, mesmo para quem já atuava no Programa, mas ainda mais para os licenciandos, muitos participantes de um Programa formativo pela primeira vez, além da escola-campo, que também recebeu o PRP pela primeira vez. Portanto era uma expectativa muito grande, mas que superou em vários aspectos os momentos formativos, de aprendizagens e de reflexões.

O que alguns estudos apontam essa vivência corroborou: ficar ausente desse processo com certeza não ajudaria nem traria novas oportunidades para se repensar o ensino e a formação de professores. A oportunidade foi ímpar para se continuar acreditando no potencial da educação brasileira, sobretudo para valorizar o papel dos estágios supervisionados na formação dos futuros professores, proporcionando a imersão na realidade escolar e o aproveitamento das vivências, seja em contexto pandêmico ou em outras situações, como aspectos formativos e que podem seguir com ações transformadoras.

REFERÊNCIAS

AGULAR, T. C.; FRANCISCO JUNIOR, W. E. Ações e reflexões durante o estágio supervisionado em Química. *Química nova na escola*, São Paulo, v. 36, n. 4, p. 283-291, nov. 2013. Disponível em: http://qnesc.sbq.org.br/online/qnesc35_4/10-PE-150-12.pdf. Acesso em: 6 abr. 2023.

ALVES, M. V. S.; MACIEL, A. G. C.; SOUSA, E. R. S. O estágio supervisionado no contexto da pandemia da Covid-19: contribuições e compreensões na formação inicial de professores de matemática do campus Moju-UEPA. *In*: ENALIC, 7., 2021, [*s. l.*]. *Anais* [...]. [*S. l.*]: ENALIC, 2021. Disponível em: https://www.editorarealize.com.br/editora/anais/enalic/2021/TRABALHO_COMPLETO_EV163_MD1_SA108_ID1150_27102021000114.pdf. Acesso em: 30 mar. 2023.

BARDIN, L. *Análise de conteúdo*. São Paulo: Edições 70, 2016. 279 p.

BOZZINI, I. C. T.; FURLAN, E. G. M.; CALZOLARI, A. Aprendizagem da docência no estágio de regência em Biologia – A temática de educação em sexualidade. *Crítica Educativa*, Sorocaba, v. 7, n. 1, p. 1-26, 2021. Disponível em: https://www.criticaeducativa.ufscar.br/index.php/criticaeducativa/article/view/501. Acesso em: 5 abr. 2023.

BRASIL. *Lei nº 13.415/2017, de 13 de fevereiro de 2017.* Institui a Política de Fomento à Implementação de Escolas de Ensino Médio em Tempo Integral. 2017. Disponível em: http://www.planalto.gov.br/ccivil_03/_ato2015-2018/2017/lei/L13415.htm. Acesso em: 26 out. 2021.

BRASIL. Ministério da Educação. Coordenação de Aperfeiçoamento de Pessoal de Nível Superior. *Edital Capes n.º 02/2020* – Programa de Residência Pedagógica. Brasília, 2020. Disponível em: https://www.gov.br/capes/pt-br/acesso-a-informacao/acoes-e-programas/educacao-basica/programa-residencia-pedagogica. Acesso em: 20 dez. 2023.

BRASIL. Ministério da Educação. Coordenação de Aperfeiçoamento de Pessoal de Nível Superior. *Edital Capes n.º 06/2018.* Programa de Residência Pedagógica. Brasília: Capes, 2018. Disponível em: https://www.gov.br/capes/pt-br/centrais-de-conteudo/28022018-portaria-n-38-institui-rp-pdf. Acesso em: 20 dez. 2023.

CABRAL, W. A.; FLÔR, C. C. C. (Re)pensando as práticas de escrita na disciplina de estágio supervisionado em Química: com a palavra, os estagiários. *Revista Ensaio*, Belo Horizonte, v. 18, n. 3, p. 161-174, set./dez. 2016. Disponível em: https://www.Scielo.br/j/epec/a/zN4hYvRrLY7ycktzrsg9dhQ/abstract/?lang=pt. Acesso em: 30 mar. 2023.

CALZOLARI NETO, A.; BOZZINI, I. C. T.; FURLAN, E. G. M. O estágio de regência na aprendizagem da docência em Química e em Biologia. *Laplage em Revista*, Sorocaba, v. 2, n. 2, p. 42-50, 2016. Disponível em: https://www.redalyc.org/journal/5527/552756516006/552756516006.pdf. Acesso em: 7 abr. 2023.

COLOMBO, I. M.; BALLÃO, C. M. Histórico e aplicação da legislação de estágio no Brasil. *Educar em Revista*, Curitiba, n. 53, p. 171-186, jul./set. 2014. Disponível em: https://www.Scielo.br/j/er/a/kKhXcCMp56LZ5R-54fsL4PFq/?format=pdf&lang=pt. Acesso em: 02 abr. 2023.

CUNHA, M. I. Conta-me agora! As narrativas como alternativas pedagógicas na pesquisa e no ensino. *Revista da Faculdade de Educação*, São Paulo, v. 23, n. 1-2, p. 185-195, 1997.

FRITSCH, R.; VITELI, R. F.; HOMEM, L. F.; MACHADO, S. N. S. O ensino remoto no contexto da pandemia de Covid-19 em escolas públicas de Ensino Médio. *Revista Brasileira de Política e Administração da Educação*, Brasília, v. 37, n. 3, p. 1.473-1.505, set./dez. 2021. Disponível em: https://seer.ufrgs.br/rbpae/article/view/109654. Acesso: 04 abr. 2023.

GHEDIN, E.; OLIVEIRA, E. S.; ALMEIDA, W. A. *Estágio com pesquisa*. São Paulo: Cortez, 2018. 280 p.

GIL, A. C. *Como elaborar projetos de pesquisa*. 4. ed. São Paulo: Atlas S.A., 2002. 176 p.

GONÇALVES, F. P.; FERNANDES, C. S.; LINDEMANN, R. H.; GALIAZZI, M. C. O diário de aula coletivo no estágio da licenciatura em Química. *Química nova na escola*, São Paulo, n. 30, p. 42-48, nov. 2008. Disponível em: https://repositorio.furg.br/handle/1/1771. Acesso: 4 abr. 2023.

MARTINS, P. B.; CURI, E. Estágio curricular supervisionado: uma retrospectiva histórica na legislação brasileira. *Revista Eletrônica de Educação*, v. 13, n. 2, p. 689-701, maio/ago. 2019. ISSN 1982-7199. Disponível em: https://www.reveduc.ufscar.br/index.php/reveduc/article/view/2471. Acesso em: 6 abr. 2023.

MIZUKAMI, M. G. N.; REALI, A. M. M. R. O professor a ser formado pela UFSCar – Uma proposta para a construção de seu perfil profissional. *In*: PIERSON, A. H. C.; SOUZA, M. H. A. O. *Formação de professores na UFSCar*: concepção, implantação e gestão de projetos pedagógicos das licenciaturas. São Carlos: Editora da Universidade Federal de São Carlos, 2010.

OLIVEIRA, K. C. M. *Estágio supervisionado na formação inicial de professores*: o dito e o não dito nos PPC de licenciatura em Química. 2016. Dissertação (Mestrado em Educação em Ciências e Matemática) – Pró-reitoria de Pós-Graduação (PRPG), Programa de Pós-Graduação em Educação em Ciências e Matemática, Universidade Federal de Goiás, Goiânia, 2016. Disponível em: https://repositorio.bc.ufg.br/tede/handle/tede/7043. Acesso em: 3 abr. 2023.

PALUMBO, L. P.; TOLEDO, C. M. Q. de. A tecnologia como instrumento democratizador do direito à educação nos tempos da pandemia causada pela Covid-19. *Revista Brasileira de Direitos e Garantias Fundamentais*, Florianópolis, v. 6, n. 1, p. 72-90, 2020. Disponível em: https://www.indexlaw.org/index.php/garantiasfundamentais/article/view/6640. Acesso em: 5 abr. 2023.

PIMENTA, S. G.; LIMA, M. S. L. *Estágio e docência.* 7. ed. São Paulo: Cortez, 2012. (Coleção Docência em Formação. Série Saberes Pedagógicos).

SARAIVA, M. D.; KANADA, L. F.; NEVES, R. P. F.; FURLAN, E. G. M. Vivenciando o estágio em Química no modelo de ensino remoto emergencial. *In*: CASTRO PINTO, E. de; ARAÚJO, F. A. M. (org.). *EJA*: fundamentos, prática educativa e formação docente. Parnaíba: Acadêmica Editorial, 2022. *E-book*.

SOARES, M. H. F. B.; MESQUITA, N. A.; BENITE, A. M. C.; ECHECERRÍA, A. R. A formação de professores de química pela pesquisa: algumas ações da área de ensino de química do Instituto de Química da Universidade Federal de Goiás. *Espaço Plural*, Marechal Cândido Rondon, ano XIII, n. 26, p. 70-87, 1º sem. 2012. Disponível em: https://repositorio.bc.ufg.br/handle/ri/13670. Acesso em: 5 abr. 2023.

SOBERAY, S. T. M.; FREITAS, L. G. Ensino remoto emergencial e o estágio supervisionado em educação em tempos de pandemia da Covid-19. *Revista de Estudos em Educação e Diversidade*, Vitória da Conquista, v. 2, n. 4, p. 1-27, abr./jun. 2021. Disponível em: https://periodicos2.uesb.br/index.php/reed/article/view/8318/5897. Acesso em: 6 abr. 2023.

7

REFLEXÕES ACERCA DO ESTÁGIO SUPERVISIONADO NO ENSINO REMOTO: CONCEPÇÕES, APRENDIZAGENS E POSSIBILIDADES

Luana Maria Gomes de Alencar
Ana Luíza Floriano de Moura

O estágio supervisionado é um dos espaços de aprendizagem da docência, que se consolida em diversos espaços e tempos, a partir de diferentes fontes. Furlanetto (2009) ajuda a sustentar essa compreensão quando diz que a crença de que o professor se define como docente somente a partir de cursos de formação inicial e contínua vai sendo substituída por uma noção mais ampla dos processos formativos, a de que "[...] carregamos a lenta aprendizagem de nosso ofício de educadores, aprendido em múltiplos espaços e tempos, em múltiplas vivências".[140]

Contudo tratamos aqui da formação inicial, que é o primeiro momento de aprendizagem formal da profissão. Conforme Garcia,[141] os professores passam por uma socialização prévia,[142] na qual se destaca o estágio supervisionado com base em suas especificidades e considerando sua trajetória histórica na formação docente. O estágio dá ao licenciando a oportunidade de perceber a indissociabilidade

[140] FURLANETTO, E. C. Matrizes pedagógicas e formação docente. *In*: CONGRESSO INTERNACIONAL GALEGO-PORTUGUÊS DE SICOPEDAGOGIA, 10., 2009, Braga. *Anais* [...]. Braga: Universidade do Minho, 2009. p. 1.112-1.121. p. 1.114.

[141] GARCIA, C. M. O professor iniciante, a prática pedagógica e o sentido da experiência. *Revista Brasileira de Pesquisa sobre Formação Docente*, Belo Horizonte, v. 2, n. 3, p. 11-49, ago./dez. 2010.

[142] Garcia (2010) fala da socialização prévia, que acontece na condição de estudante quando se tem oportunidade de conhecer, observar e aprender, ainda que de maneira informal, sobre ser professor.

entre teoria e prática, a partir da experiência "no chão da escola", o que foi impedido no período da pandemia da Covid-19, que colocou a necessidade do ensino no formato remoto. Conforme Oliveira *et al.*,[143] o ensino remoto prioriza a mediação pedagógica por meio de tecnologias e plataformas digitais para apoiar processos de ensino e aprendizagem em resposta à suspensão de aulas e atividades presenciais em escolas e universidades no cenário da pandemia do novo coronavírus (Covid-19).

Nesse contexto, professores de estágio foram levados a pensar a oferta e o desenvolvimento do estágio nesses moldes. As escolas buscaram alternativas possíveis e os estágios, realizados nessas condições, teriam que ser pensados de modo que o futuro professor fizesse esse acompanhamento. Foi um momento desafiador, mas que acabou impulsionando aprendizagens.

Esse capítulo constituiu-se a partir de fontes bibliográficas, tendo como base a experiência docente das autoras em universidades públicas, que acompanharam o processo de oferta e de desenvolvimento do estágio no ensino remoto, bem como tem desenvolvido pesquisas sistematizando reflexões acerca desse período. No tópico seguinte apresentamos concepções e reflexões acerca de aprendizagens e possibilidades do estágio supervisionado.

7.1 ESTÁGIO SUPERVISIONADO: REVISITANDO CONCEPÇÕES E REFLETINDO SOBRE APRENDIZAGENS E POSSIBILIDADES

Para pensarmos o estágio supervisionado nesse contexto, revisitamos algumas concepções e ideias, como a de que a formação inicial deve contribuir para que os professores construam seus saberes/fazeres, desenvolvendo conhecimentos, valores, habilidades e atitudes, tanto a partir da apreensão de conhecimentos gerais sobre educação e ensino quanto promovendo o encontro com a profissão,

[143] OLIVEIRA, M. S. L. *et al. Diálogos com docentes sobre ensino remoto e planejamento didático*. Recife: Editora Universitária da Universidade Federal de Pernambuco, 2020.

suas especificidades, suas possibilidades e seus desafios, além da vivência de situações docentes.[144]

Partindo dessa ideia, refletimos que o encontro com a profissão tem uma dimensão ideal, a partir das teorias e dos conhecimentos profissionais que adquirimos na formação, mas que tem também uma dimensão real, em que aparecem as contradições, os problemas e os desafios. Nesse sentido, podemos fazer uma articulação com o período pandêmico. Não intencionamos gerar uma dicotomia, mas chamar a atenção para o fato de que as condições colocadas pela pandemia, como o ensino remoto, o ensino mediado por tecnologias, diferentes condições de acesso à internet, o acompanhamento do processo de aprendizagem pelas famílias etc., eram as condições reais que deveriam ser conhecidas por aqueles em processo formativo, entendendo que o "chão da escola" era diferente naquele momento. De fato, não tínhamos condições ideais em um momento tão singular como a pandemia.

Na Universidade Federal do Piauí, em 2022, foi organizada uma pesquisa sobre práticas no ensino remoto no estágio supervisionado no curso de Pedagogia, utilizando como fontes documentais atas de assembleias departamentais. Em uma análise parcial, é possível perceber preocupações dos docentes acerca das consequências formativas do desenvolvimento do estágio de forma remota. Considera-se que foram válidas essas preocupações, contudo, representam também uma insegurança natural gerada em um momento de tantas incertezas e novidades e que mobilizou uma ação coletiva, tanto para as reflexões teóricas quanto para as práticas, mediante a troca de experiência com docentes de outros *campi* da instituição, bem como de outras instituições. Essa construção coletiva colabora para a elaboração e para o compartilhamento de saberes docentes.

Concordamos com Pimenta e Lima[145] quando ponderam que o estágio, como componente curricular, não pode ser uma completa preparação para o magistério, mas nele é possível serem trabalhadas

---

[144] PIMENTA, S. G.; LIMA, M. S. L. *Estágio e docência*. 7. ed. São Paulo: Cortez, 2012.

[145] PIMENTA; LIMA, 2012.

questões básicas de alicerce, como: o sentido da profissão, o que é ser professor na sociedade em que se vive, como ser professor, a escola concreta, a realidade dos alunos nas escolas de ensino fundamental e médio, a realidade dos professores nessas escolas, entre outras.

A escola concreta foi extremamente afetada na pandemia. Alguns dos problemas já existentes ampliaram-se, outros passaram a existir devido às condições postas. Já falávamos da incerteza como um componente da profissão docente, mas a pandemia escancarou esse aspecto. Consideramos que "[...] a maior certeza que nos foi dada é a da indestrutibilidade das incertezas, não somente na ação, mas também no conhecimento".[146] Professores precisaram rever suas concepções e suas práticas em um momento totalmente incerto, pois não se sabia como iria ser o mundo durante e depois da pandemia.

Nos estágios realizados no período pandêmico foram pensadas formas diversas para o acompanhamento do processo de ensino e aprendizagem. Várias propostas metodológicas e recursos didáticos foram articulados nesse sentido, como a produção de vídeos, construção de aplicativos, confecção de jogos didáticos, assim como aulas que ocorriam no aplicativo *WhatsApp*. Relacionado a isso, Bocchese[147] discorre sobre o desenvolvimento de competências necessárias ao ensino, relatando que é preciso dar oportunidade para que os alunos-mestres "quebrem a cabeça", planejando e executando projetos de ensino em que a aprendizagem dos estudantes efetive-se a partir de situações-problema inseridas em práticas sociais, nas quais os participantes estejam envolvidos e interessados.

Dessa maneira, problemáticas nesse intuito surgem na medida em que tratamos de aprendizagens que foram comprometidas no período de pandemia. O desenvolvimento do estágio nesse contexto foi organizado de modo desafiador, mas possibilitou aos estagiários elaborarem reflexões acerca da docência e das diversas questões postas e impostas pela pandemia.

---

146 MORIN, E. Enfrentar a incerteza. *In*: MORIN, E. *A cabeça bem-feita*: repensar a reforma, reformar o pensamento Tradução de Eloá Jacobina. 8. ed. Rio de Janeiro: Bertrand Brasil, 2003. p. 55-63. p. 55.

147 BOCCHESI, J. C. O professor e a construção de competências. *In*: ENRICONE, D. (org.). *Ser professor*. 4. ed. Porto Alegre: Editora da Pontifícia Católica do Rio Grande do Sul, 2004. p. 25-39.

Devido à sua importância enquanto componente da formação docente, Freitas[148] ratifica que a grande quantidade de publicações, estudos e pesquisas sobre a prática de ensino e os estágios supervisionados é um indicativo das inquietações que o trabalho cotidiano com a disciplina provoca, em virtude de sua importância para a formação de um professor crítico, comprometido com a realidade da escola pública e com as condições de sua transformação, bem como da sociedade.

Vale considerar que, por outro lado, continuam persistindo problemas em sua articulação: baixos níveis de estruturação; inadequação no acompanhamento e deficiências na conexão entre a universidade e o mundo do trabalho,[149] além da concepção histórica de estágios supervisionados associados à prática de ensinar.[150] Pode-se mencionar, ainda, a existência de um campo de forças entre universidade e escola, ambas trazendo valores, objetivos imediatos, cultura e relações de poder diferentes;[151] ou o seu desenvolvimento sob uma perspectiva limitada, reduzido à observação dos professores em aula e à imitação desses modelos sem proceder a uma análise crítica fundamentada.[152]

Essas questões devem ser pensadas pelas instituições e pelos professores, de modo a garantir o potencial formativo do estágio a partir de suas especificidades. Importante ressaltar que além do estágio, os discentes de cursos de licenciatura dispõem de outras oportunidades de experienciar a docência nos contextos profissionais, como a partir do Programa Institucional de Bolsas de Iniciação à docência (Pibid) e o Programa Residência Pedagógica (PRP), mas

148 FREITAS, H. C. L. *O trabalho como princípio articulador na prática de ensino e nos estágios*. Campinas: Papirus, 1996.

149 ZABALZA, M. A. *O estágio e as práticas em contextos profissionais na formação universitária*. São Paulo: Cortez, 2014.

150 BARREIRO, I. M. F.; GEBRAN, R. A. *Prática de ensino e estágio supervisionado na formação de professores*. São Paulo: Avercamp, 2006.

151 LIMA, M. S. L. Reflexões sobre o estágio/prática de ensino na formação de professores. *Revista Diálogo Educacional*, v. 8, n. 23, p. 195-205, jan./abr. 2008.

152 PIMENTA; LIMA, 2012.

que não substituem o estágio, outrossim, são oportunidades a mais para o processo de aprendizagem da docência.

Consideramos que as experiências de estágio desenvolvidas no período pandêmico deveriam ter como elemento principal a reflexão, para se pensar em todas as questões postas naquele cenário, para contribuir para a aprendizagem docente dos estagiários, bem como os professores supervisores. Quanto à importância da reflexão, Mizukami[153] explica que quando os professores descrevem, analisam e fazem inferências sobre eventos de sala de aula, eles estabelecem seus próprios princípios pedagógicos, ou seja, esse repensar e refletir sobre o vivido possibilita retornar às situações, construindo uma lógica para elas no contexto da vida pessoal e profissional, atribuindo-lhes significado e consonância com outras experiências e aprendizagens.

Na pandemia, que teve início no ano de 2020, as pessoas tiveram que aprender a conviver com uma doença até então desconhecida e que afetou o cenário mundial dos pontos de vista sanitário, econômico, político, social, entre outros. A Covid-19 impôs uma série de mudanças no modo de vida das pessoas, tais como: distanciamento social, práticas contínuas de higienização e o uso de máscara. Em 2021, já com vacina desenvolvida para a doença, início de sua aplicação, mas não alcançada por toda a população e com um cenário ainda muito desafiador em alguns países, como é o caso do Brasil, o mundo seguiu fazendo reflexões sobre as consequências em curto, médio e longo prazos desse processo pandêmico, visando empreender mudanças e adaptações, bem como dar prosseguimento às atividades profissionais da maneira que era possível naquele momento.

No âmbito da educação, alguns desafios ampliaram-se e outros surgiram, mas também se pode falar em possibilidades, principalmente quanto a formas de se fazer educação e desenvolver o ensino. De fato, esse cenário pandêmico provocou revisões e reflexões na área

[153] MIZUKAMI, M. G. N. *Escola e aprendizagem da docência*: processos de investigação e formação. São Carlos: Editora da Universidade Federal de São Carlos, 2002.

educacional, tanto para práticas desenvolvidas naquele momento, no caso, por meio do formato remoto, quanto sobre consequências, problemáticas e possibilidades em longo prazo para o ensino e para a aprendizagem. Os professores tiveram que pensar e desenvolver novas práticas e adotar recursos tecnológicos como protagonistas no processo de ensinar. Embora eles já fossem utilizados, havia resistência por parte de alguns professores e dificuldades da parte de outros devido à forma como isso se impôs.

O relato a seguir trata-se da experiência vivenciada por Luana Alencar, uma das autoras, que atua como professora de estágio supervisionado no curso de Pedagogia da Universidade Federal do Piauí (UFPI). Considerando o cenário descrito, o olhar aqui se volta para a formação inicial de futuros professores, especificamente para o estágio supervisionado sendo desenvolvido no formato remoto, esse que é um importante componente curricular do curso, que dá oportunidade ao licenciando de perceber que teoria e prática não se dissociam, já que a prática profissional é constituída pelos saberes que foram historicamente construídos e que são socializados no interior da profissão. O estágio é uma oportunidade de construir conhecimento teórico-prático, de conhecer os contextos profissionais, os desafios e as possibilidades da profissão, entre outros aspectos.

No contexto de pandemia, o estágio é chamado a ser repensado em suas práticas com base nas possibilidades do momento, no caso, usando plataformas digitais, realizando a produção de vídeos, comunicando-se pelo *WhatsApp*, entre outras formas e recursos. Nesse ínterim, este texto tem como objetivo relatar uma experiência de desenvolvimento do estágio supervisionado no formato remoto no curso de Pedagogia. Planejar e desenvolver o estágio no formato remoto constituiu-se em uma experiência única na trajetória formativa e profissional e, após questionamentos e diálogos com outros professores de estágio, foi possível pensar alternativas para a oferta desse componente curricular, o que é aqui relatado. A trajetória de pesquisadora e de professora de estágio é que alicerçam esse trabalho.

7.2 REPENSANDO E DESENVOLVENDO O ESTÁGIO SUPERVISIONADO NO ENSINO REMOTO

Os aspectos teóricos do estágio, apresentados no tópico anterior, foram a base das discussões desenvolvidas com o intuito de pensar a oferta desse componente curricular no formato remoto, o que se constituiu um desafio, tanto pelas suas especificidades históricas na formação docente quanto pelos próprios desafios da pandemia, perpassando questões sanitárias, sociais, econômicas, políticas, entre outras.

Enquanto pesquisadora e professora de estágio no curso de Pedagogia da UFPI/CAFS, e perante as demandas que foram se apresentando, como a exemplo dos estudantes concluintes que precisavam cursar esse componente curricular obrigatório, precisei revisitar concepções e pensar possibilidades da prática, juntamente aos demais professores de estágio, com os quais estabeleci diálogo para juntos, decidirmos sobre sua oferta.

Em um primeiro momento houve resistência da maioria, justificada pela preocupação quanto a possíveis consequências negativas da realização do estágio no formato remoto para a formação dos licenciandos em Pedagogia. Tivemos em conta o fato de que não são todos os estudantes que conseguem participar de experiências como o Programa Institucional de Bolsas de Iniciação à Docência (Pibid) e o Programa Residência Pedagógica (PRP), que possibilitam aprender nos contextos profissionais.

Embora soubéssemos que esses programas e o estágio têm cada um suas especificidades e seus fins, portanto um não substituindo o outro, levamos em consideração o caso dos alunos que concluiriam o curso sem vivenciar a experiência docente nos contextos profissionais. Contudo essa experiência permitiu-nos entender que esse contexto no ensino remoto materializava-se de outra forma, mas que, nem por isso, impossibilitaria os licenciandos de o conhecerem, de o apreenderem a partir dos recursos possíveis e do modo como estavam se desenvolvendo naquele momento.

A resistência justifica-se ainda pelo fato de que o ensino remoto ainda era algo novo e cheio de descobertas e aprendizagens para os professores, e pensar o estágio supervisionado sendo desenvolvido nesse formato mostrava-se um desafio, tendo ciência de que as escolas também estavam aprendendo e adaptando os processos educativos perante as condições possíveis dentro do atual cenário e de cada contexto específico, e eram realidades muito diversas em cada escola, em cada cidade, enfim. Surgiram questionamentos como: quais as condições dos professores das escolas acompanharem os estagiários naquele momento? Haveria essa possibilidade? Como nós, professores supervisores, poderíamos estar supervisionando e auxiliando os estagiários? Quais dificuldades teriam nesse estágio?

O fato é que, devido à situação dos alunos concluintes do curso, os professores de estágio do curso de Pedagogia deliberaram por sua oferta. Naquele momento, apenas aquele realizado nos anos iniciais do ensino fundamental, do qual Luana Alencar era encarregada. Tomada a decisão, houve o diálogo com outros professores de estágio, inclusive de outros *campi* da instituição, no intuito de pensar estratégias, possibilidades e considerar também prováveis desafios para conseguir superá-los. Foram buscados documentos que pudessem iluminar as orientações no contexto da cidade onde o campus da instituição tem sede, até se conseguir, enfim, estruturar o estágio a ser desenvolvido no formato remoto, com um planejamento flexível por ser essa uma experiência nova, a partir da qual ia se observando, analisando e refletindo no intuito de perceber a necessidade de ajustes. Nesse planejamento, já foi incluída uma socialização parcial do estágio após alguns dias do seu início, para poder ouvir os estudantes e, a partir disso, decidir por continuar o planejamento que havia sido feito ou modificá-lo.

Sobre a organização do estágio, ela deu-se da seguinte maneira: o primeiro passo foi escolher textos e documentos que pudessem ser discutidos com a turma e que abordassem a realidade do ensino remoto, tanto de modo geral, compreendendo-o a partir do cenário da pandemia, quanto o situando no contexto da cidade em que o campus da IES tem sede. A primeira reflexão foi a partir do texto de Morin,[154] que afirma que a maior contribuição de conhecimento do século XX foi o entendimento dos limites do conhecimento e que a maior certeza que nos foi dada foi a da indestrutibilidade das incertezas.

A pandemia da Covid-19 evidenciou, de modo consistente, esse pensamento do autor, porque levou a humanidade a repensar formas de ser e de fazer. Na área da educação, embora já tivéssemos a incerteza como um componente da prática docente, o modo como as exigências para o ensino e a aprendizagem deu-se a partir da pandemia foi desafiador e inusitado, diferente de tudo o que essa geração já havia vivenciado.

Conforme Morin,[155] "[...] há o fracasso de todos os esforços para cristalizar a história humana, eliminar dela acontecimentos e acidentes", mesmo sofrendo determinações sociais e econômicas muito fortes. Para essa geração, a pandemia certamente foi um desses acontecimentos marcantes, talvez o mais. Porém não é a primeira vez que algo desse porte integra a história da humanidade.

Pelo exposto, foi considerado oportuno refletir sobre isso com os licenciandos em Pedagogia, por entender que é algo mais amplo, que perpassa nossa vida e nossa formação e profissão, pois, mais do que nunca, vivemos um tempo de incertezas. No cenário educacional, a pandemia evidenciou novos desafios e a ampliação de outros, com concepções e práticas sendo profundamente repensadas.

CONCLUSÕES

Pensar o estágio supervisionado sendo desenvolvido no formato remoto foi inicialmente desafiador, impulsionando revisão de concepções e práticas, mas que colaborou para a construção de aprendizagens, tanto de professores quanto de estagiários, aspecto esse evidenciado na socialização e nos relatórios. Os licenciandos tiveram a oportunidade de conhecerem e inserirem-se em uma

154 MORIN, 2003.

155 MORIN, 2003, p. 60.

realidade que integrou um momento histórico, e aprenderem sobre práticas pedagógicas no formato remoto. Em breve esses futuros professores estariam inseridos nas escolas, sendo importante, portanto, uma experiência em que pudessem apropriar-se dessa realidade que, embora se modificando posteriormente, serviria como base. Nesse sentido, o estágio cumpriu com seu propósito de possibilitar o conhecimento dos contextos profissionais, da maneira em que eles acontecem, com suas contradições, problemáticas e possibilidades.

Reafirmamos, desse modo, o potencial formativo do estágio supervisionado na formação docente, especialmente no curso de Pedagogia, como um dos espaços de aprendizagem da docência, que se consolida em diversos espaços e tempos, a partir de diferentes fontes. Pontuamos que a experiência de estágio no formato remoto foi desafiadora, levando professores e estagiários a saírem da zona de conforto, a refletirem sobre concepções e práticas, a aprenderem novas habilidades e a desenvolverem outras, bem como conhecimentos, promovendo aprendizagens sobre a docência, em especial sobre os desafios da profissão e a evidência de que a incerteza é um componente dela. Foi possível aprender sobre problemáticas da educação, algumas que já existiam, outras que surgiram no contexto pandêmico, que geraram consequências em curto, médio e longo prazos e que hoje são alvo de pesquisas.

Refletimos que o encontro com a profissão no estágio supervisionado no ensino remoto evidenciou ainda mais contradições, problemas e desafios. As condições colocadas pela pandemia eram as condições reais que deveriam ser conhecidas por aqueles em processo formativo, nesse caso, os estagiários, entendendo que o "chão da escola" era diferente naquele momento e que, de fato, não tínhamos condições ideais em um momento tão singular como a pandemia. Contudo, toda experiência desafiadora é um convite para se aprender, para se refletir e reencaminhar-se.

REFERÊNCIAS

BARREIRO, I. M. F.; GEBRAN, R. A. *Prática de ensino e estágio supervisionado na formação de professores*. São Paulo: Avercamp, 2006.

BOCCHESI, J. C. O professor e a construção de competências. *In*: ENRICONE, D. (org.). *Ser professor*. 4. ed. Porto Alegre: Editora da Pontifícia Católica do Rio Grande do Sul, 2004. p. 25-39.

FREITAS, H. C. L. de. *O trabalho como princípio articulador na prática de ensino e nos estágios*. Campinas: Papirus, 1996.

FURLANETTO, E. C. Matrizes pedagógicas e formação docente. *In*: CONGRESSO INTERNACIONAL GALEGO-PORTUGUÊS DE SICOPEDAGOGIA, 10., 2009, Braga. *Anais* [...] Braga: Universidade do Minho, 2009. p. 1.112-1.121.

GARCIA, C. M. O professor iniciante, a prática pedagógica e o sentido da experiência. *Revista Brasileira de Pesquisa sobre Formação Docente*, Belo Horizonte, v. 2, n. 3, p. 11-49, ago./dez. 2010.

LIMA, M. S. L. Reflexões sobre o estágio/prática de ensino na formação de professores. *Revista Diálogo Educacional*, v. 8, n. 23, p. 195-205, jan./abr. 2008.

MIZUKAMI, M. G. N. *Escola e aprendizagem da docência*: processos de investigação e formação. São Carlos: Editora da Universidade Federal de São Carlos, 2002.

MORIN, E. Enfrentar a incerteza. *In*: MORIN, E. *A cabeça bem-feita*: repensar a reforma, reformar o pensamento Tradução de Eloá Jacobina. 8. ed. Rio de Janeiro: Bertrand Brasil, 2003. p. 55-63.

OLIVEIRA, M. S. L. *et al*. *Diálogos com docentes sobre ensino remoto e planejamento didático*. Recife: Editora Universitária da Universidade Federal de Pernambuco, 2020.

PIMENTA, S. G.; LIMA, M. S. L. *Estágio e docência*. 7. ed. São Paulo: Cortez, 2012.

ZABALZA, M. A. *O estágio e as práticas em contextos profissionais na formação universitária*. São Paulo: Cortez, 2014.

SOBRE AS AUTORAS

Adriana Denise Bento

Mestra em Educação pela Universidade Federal do Paraná (UFPR) na linha de Cultura, Escola e Processos Formativos (2024). Graduada em Pedagogia. Especialista em Gestão do Trabalho Pedagógico (2012); Educação Integral (2016); Educação Especial e Inclusiva (2017). Atua como técnica na Secretaria Municipal de Educação de Pinhais, na Gerência de Apoio à Gestão Escolar. É integrante do Grupo de Estudos e Pesquisas em Práticas Escolares, Docência e Cultura (GEPPEDOC). Pesquisa alfabetização e letramento, desigualdades escolares à luz teórica de Pierre Bourdieu.

Contato: adri.dbento@gmail.com

Lattes: http://lattes.cnpq.br/0142078607023154

Orcid: 0009-0008-2160-1987

Adriana Patrício Delgado

Doutora (2015) e mestre (2004) em Educação pela Pontifícia Universidade Católica de São Paulo (PUC-SP) no Programa de Pós-Graduação em Educação: História, Política, Sociedade (EHPS). Especialização em Psicopedagogia e Tecnologia Educacional. Graduada em Pedagogia pelas Faculdades Integradas Nove de Julho (UNINOVE) (1996). Professora adjunta da Universidade Federal do Rio de Janeiro (UFRJ), ministrando as disciplinas Didática, Currículo e Profissão Docente. Desenvolve pesquisas na área da Formação de Professores/as, Didática e Currículo. Membro do Núcleo Docente Estruturante do Curso de Pedagogia. Membro do GT Trabalho e Formação de Professores (Colemarx/UFRJ). Membro do Grupo de Pesquisa Docência em suas Múltiplas Dimensões (PUC/SP). Membro do Fórum Estadual de Mobilização e Defesa do Curso de Pedagogia do Rio de Janeiro. Membro da Rede Nacional de Pesquisadores em Pedagogia (RePPed).

Contato: adrypatry@hotmail.com

Lattes: http://lattes.cnpq.br/3452395410993289

Orcid: 0000-0002-9152-2888

Adriane Knoblauch

Pós-doutora em Educação pela Faculdade de Educação da Universidade de São Paulo (FEUSP) (2014). Doutora (2008) e mestre (2003) em Educação pelo Programa de Estudos Pós-Graduados em Educação: História, Política, Sociedade (EHPS) da Pontifícia Universidade de São Paulo (PUC/SP). É professora associada da Universidade Federal do Paraná (UFPR), setor de Educação, atuando no curso de Pedagogia e no Programa de Pós-Graduação em Educação. É coordenadora do Grupo de Estudos e Pesquisas em Práticas Escolares, Docência e Cultura (Geppedoc). Pesquisa formação de professores e religião, alfabetização e letramento, desigualdades escolares e implantação de políticas educacionais no cotidiano escolar pela ótica de Pierre Bourdieu.

Contato: adrianeknoblauch@gmail.com

Lattes: http://lattes.cnpq.br/2953309609222910

Orcid: 0000-0002-8842-4128

Alda Junqueira Marin

Doutora em Ciências (Educação) pela Faculdade de Filosofia Ciências e Letras de Rio Claro, atual Universidade Estadual Paulista "Júlio de Mesquita Filho" (Unesp)(1974). Docente do ensino superior há mais de cinco décadas. Professora aposentada da Faculdade de Ciências e Letras – Campus de Araraquara (FCLAr – Unesp). Atualmente, atua como professora livre-docente junto ao Programa de Pós-Graduação em Educação: História, Política, Sociedade (EHPS) da

Pontifícia Universidade de São Paulo (PUC-SP) e junto ao Programa de Pós-Graduação em Processos de Ensino, Gestão e Inovação em Educação da Universidade de Araraquara (Uniara).

Contato: profaldajunqueiramarin@gmail.com

Lattes: http://lattes.cnpq.br/8878122935856466

Orcid: 0000-0002-2120-338X

Ana Luíza Floriano de Moura

Doutora em Educação pela Universidade Federal do Piauí (UFPI) (2021). Mestre em Educação pela Universidade Federal do Piauí (UFPI) (2016). Graduada em Pedagogia pela Universidade Estadual do Piauí (Uespi) (2013). Professora adjunta da Universidade Estadual do Piauí (Uespi), do Curso de Licenciatura Plena em Pedagogia, do Campus Professor Possidônio Queiroz, em Oeiras/PI. Coordenadora do Curso de Pedagogia da Universidade Estadual do Piauí, Campus Professor Posidônio Queiroz – Oeiras/PI. Tem experiência na educação infantil, nos anos iniciais do ensino fundamental e ensino superior, com trabalhos e pesquisas sobre a formação de professores, educação infantil, prática pedagógica e alfabetização.

Contato: analuiza@ors.uespi.br

Lattes: http://lattes.cnpq.br/0425650913312865

Orcid: 0009-0003-8280-2137

Ana Paula Ferreira da Silva

Doutora (2009) e mestre (2005) em Educação pelo Programa de Pós-Graduação em Educação: História, Política, Sociedade (EHPS) da Pontifícia Universidade Católica de São Paulo (PUC/SP), onde atua como professora desde 2019 e compõe o Grupo de Pesquisa Docência em suas Múltiplas Dimensões (PUC-SP/CNPq). Trabalhou como docente na rede pública de educação municipal de São Paulo como professora dos cursos de Formação de Professores na Universidade

Mackenzie, onde coordenou a área de Pedagogia do Programa Institucional de Bolsas de Iniciação à Docência (Pibid).

Contato: anafsil@yahoo.com

Lattes: http://lattes.cnpq.br/1149850270827679

Orcid: 0000-0003-2270-5063

Elaine Gomes Matheus Furlan

Doutora (2011) e mestre (2004) em Educação pelo Programa de Pós-Graduação em Educação: História, Política, Sociedade (EHPS) da Pontifícia Universidade Católica de São Paulo (PUC/SP). Licenciada em Química pelo Instituto de Química da Universidade Estadual Paulista "Júlio de Mesquita Filho" – Campus Araraquara (Unesp) (2000) e em Pedagogia pela Universidade Nove de Julho (Uninove) (2012). Atualmente, é professora e pesquisadora do Departamento de Ciências da Natureza, Educação e Matemática e do Programa de Pós-Graduação em Educação em Ciências e Matemática, da Universidade Federal de São Carlos (UFSCar), com atuação na área de Formação de Professores.

Contato: elainefurlan@ufscar.br

Lattes: http://lattes.cnpq.br/3179865576965852

Orcid: 0000-0002-5413-7964

Luana Maria Gomes de Alencar

Doutora em Educação pelo Programa de Pós-Graduação em Educação da Universidade Federal do Piauí (UFPI) (2021). Mestre em Educação pelo Programa de Pós-Graduação em Educação da UFPI (2017). Graduada em Licenciatura Plena em Pedagogia pela Universidade Estadual do Piau (Uespi) (2013). Professora do Magistério Superior, lotada no curso de Pedagogia da Universidade Federal do Piauí (UFPI), Campus Amílcar Ferreira Sobral/CAFS. Participa do Núcleo de Pesquisa sobre formação e profissionalização em Pedagogia (Nupped). Tem interesse e pesquisa as seguintes temáticas: estágio supervisionado; formação de professores; aprendizagem docente; início da carreira docente.

Contato: luanagalencar@ufpi.edu.br

Lattes: http://lattes.cnpq.br/4026256401835857

Orcid: 0000-0001-7335-8466

Lúcia Matias da Silva

Doutora (2014) e mestre (2009) em Educação pelo Programa de Pós-Graduação em Educação: História, Política, Sociedade (EHPS) da Pontifícia Universidade Católica de São Paulo (PUC/SP). Graduada em Estudos Sociais, Geografia (1988) e Pedagogia (1990) pela Universidade de Marília. Especialista em Gestão Educacional pela Universidade de Campinas (Unicamp/SP) (2006). Desenvolveu estudos de abrangência sociocultural e formação de professores com foco nos contextos de trabalho docente. Desenvolveu atividades em cursos de formação de professores e atuação docente na Universidade de São Paulo. Atualmente, é coordenadora acadêmica nas Faculdades Campos Elísios (FCE) e docente nos cursos de Pedagogia nas Faculdades Integradas Potencial (FIP) e docente no Ensino Superior nas modalidades presencial e a distância. Membro do Grupo de Pesquisa Docência em suas Múltiplas Dimensões (PUC-SP / CNPq).

Contato: luciamatias@yahoo.com.br

Lattes: http://lattes.cnpq.br/0082885885393683

Orcid: 0000-0003-3873-4344

Luciana Maria Giovanni

Doutora em Educação pela Faculdade de Educação da Universidade de São Paulo (FE-USP) (1994). Mestre em Filosofia da Educação e Educação Escolar Brasileira pela Pontifícia Universidade Católica de São Paulo (PUC/SP) (1988). Graduada em Pedagogia pela Universidade Estadual Paulista "Júlio de Mesquita Filho" – Campus Rio Claro - SP (Unesp) (1972). Atualmente, é docente pesquisadora no Programa de

Pós-Graduação em Educação: História, Política, Sociedade da PUC/SP e no Mestrado Profissional em Educação: Processos de Ensino, Gestão e Inovação da Universidade de Araraquara (Uniara). É professora aposentada da Unesp – Araraquara/SP. Temas de pesquisa: trabalho docente, formação e identidade profissional de professores.

Contato: lmgiovanni@uol.com.br

Lattes: http://lattes.cnpq.br/8305118845068821

Orcid: 0009-0002-9153-945X

Maria Cecilia Sanches

Doutora (2010) e mestre (2002) em Educação pelo Programa de Pós-Graduação em Educação: História, Política, Sociedade (EHPS) da Pontifícia Universidade Católica de São Paulo (PUC/SP). Graduada em Pedagogia pela Pontifícia Universidade Católica de São Paulo (1987). Docente na Universidade Federal de São Paulo (Unifesp). Foi professora do ensino fundamental da rede pública do município de São Paulo, diretora de escola e supervisora de ensino na rede estadual de São Paulo. Tem experiência internacional na área de Dança e na área de Educação com ênfase em formação de professores, organização e práticas pedagógicas, atuando principalmente nos seguintes temas: escola, corpo, arte e cultura.

Contato: cecilia.sanches@unifesp.br

Lattes: https://lattes.cnpq.br/8095556895659808

Orcid: 0009-0008-2160-1987

Maria Helena Bertolini Bezerra

Pós-doutora em Educação pela Faculdade de Educação da Universidade de São Paulo (FEUSP) (2014) Doutora (2009) e mestre (2002) em Educação pelo Programa de Pós-Graduação em Educação: História, Política, Sociedade (EHPS) da Pontifícia Universidade Católica de São Paulo (PUC/SP). Graduação em Sociologia e Política pela Fundação Escola de Sociologia e Política de São Paulo. (1991) Professora aposentada da educação básica e do ensino superior.

Foi bolsista/professora orientadora de trabalho de conclusão de curso (TCC) da Universidade Federal de São Paulo / Universidade Aberta do Brasil (Unifesp/UAB). Realizou pesquisa sobre os impactos do Pacto Nacional pela Alfabetização da Idade Certa (PNAIC) na Rede Municipal de Ensino de São Paulo, Unesco/MEC e Secretaria Municipal de Educação de São Paulo (SMESP). Foi formadora de gestores pelo Cenpec e de professores de Educação de Jovens e Adultos pela Fundap. É pesquisadora dos grupos de pesquisa Docência em suas Múltiplas Dimensões (PUC/CNPq) e Escola Currículo e Conhecimento ECCo (USP). É bolsista do LEII Unifesp Formadores Estaduais.

Contato: mhelena.bertolini@gmail.com

Lattes: https://lattes.cnpq.br/2051674026294552

Orcid: 0009-0002-0110-1455

Sandra Maria Sanches

Doutora (2019) e mestre (2014) em Educação pelo Programa de Pós-Graduação em Educação: História, Política, Sociedade (EHPS) da Pontifícia Universidade Católica de São Paulo (PUC/SP). Licenciada em Pedagogia (1993), com Pós-Graduação (2009) pela PUC-SP. Aposentada como diretora de escola, na rede municipal de São Paulo, em que trabalhou por 30 anos. Participante do Grupo de Pesquisa Docência em suas múltiplas dimensões, (PUC-SP/ CNPq) Psicanalista em formação, no Instituto Sedes Sapientiae, com atendimento em consultório particular e participação em grupos de estudo que se debruçam sobre questões clínicas do momento vivido na interface com a teoria.

Contato: sanches.sandramaria@gmail.com

Lattes: http://lattes.cnpq.br/0831130857819509

Orcid: 0000-0002-1604-0248